Proyección astral y sueño lúcido

Una guía esencial sobre el viaje astral, las experiencias fuera del cuerpo y el control de sus sueños

Your Free Gift (only available for a limited time)

Thanks for getting this book! If you want to learn more about various spirituality topics, then join Mari Silva's community and get a free guided meditation MP3 for awakening your third eye. This guided meditation mp3 is designed to open and strengthen ones third eye so you can experience a higher state of consciousness. Simply visit the link below the image to get started.

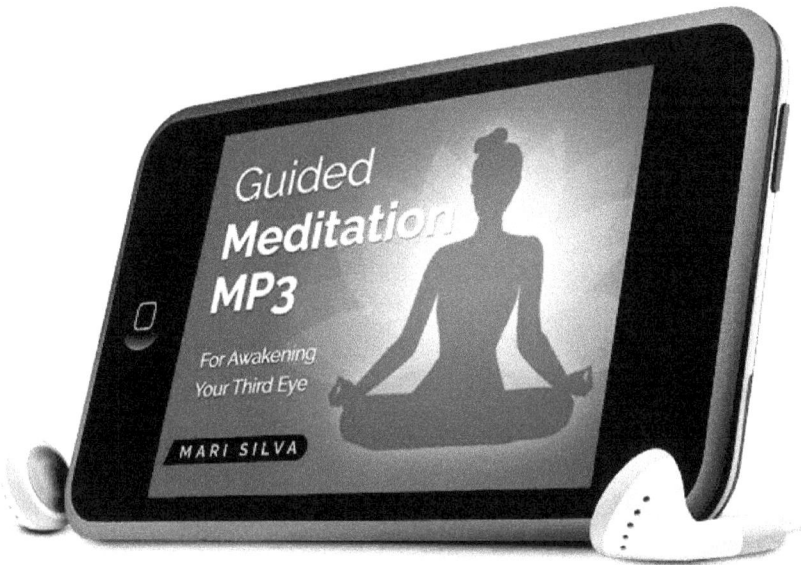

https://spiritualityspot.com/meditation

Índice

Primera Parte: Proyección astral

Una guía sobre cómo viajar por el plano astral y tener una experiencia fuera del cuerpo

PROYECCIÓN ASTRAL

Una Guía Sobre cómo Viajar por el Plano Astral y Tener una Experiencia Fuera del Cuerpo

MARI SILVA

Introducción

La proyección astral ha existido por miles de años, pero no se dio a conocer en los medios de comunicación hasta hace poco. Desde su entrada en los medios, la proyección astral se ha convertido en un tema candente. Para algunas personas, es solo una tendencia pasajera; para otras, es una palabra de moda, y el barullo pronto desaparecerá. Sin embargo, la proyección astral es mucho más que eso. Hace años, los humanos creían que el cuerpo físico era todo lo que había para la vida y la existencia. Pero se demostró que estaban equivocados cuando salió a la luz el conocimiento de otro cuerpo, típicamente llamado cuerpo etéreo, el espíritu o el cuerpo astral. La proyección astral, o experiencia fuera del cuerpo, se utiliza para describir el proceso de enviar este cuerpo etéreo, dándole la libertad de viajar por el universo sin el cuerpo físico. Cada individuo posee la capacidad de hacer esto, pero no todos han aprendido a aprovecharla. El propósito de este libro es ayudar a la gente que no ha dominado cómo usar esta habilidad en su beneficio.

La proyección astral ha sido vinculada a beneficios tanto físicos como mentales. Como resultado, muchas personas se han interesado en la práctica, esperando usarla como una herramienta para el desarrollo y el crecimiento personal. Debido a la nueva introducción de la proyección astral en los medios de comunicación, muchos de los recursos disponibles sobre este tema ofrecen información muy vaga y en su mayoría poco útil. Mucha de la información no ayuda realmente a nadie que quiera tomarse en serio la práctica de la proyección astral. La mayor parte es teórica, y no hay ejemplos prácticos. Si usted está leyendo esto actualmente, es probable que también esté interesado en aprender cómo inducir las proyecciones astrales y las experiencias fuera del cuerpo, y utilizarlas para su crecimiento y desarrollo personal. También es probable que no haya encontrado los recursos adecuados, que ofrezcan información real y le ayuden en sus esfuerzos de viaje astral. Bueno, su búsqueda de la guía correcta ha llegado a su fin.

Proyección astral: Una guía sobre cómo viajar por el plano astral y tener una experiencia fuera del cuerpo contiene todo lo que siempre ha querido en un libro sobre la proyección astral. Este libro es diferente de todos los demás textos del mercado, ya que incluye información actualizada y relevante que hará que su sueño de proyección astral se haga realidad. Desde el primer hasta el último capítulo, este libro le ofrece algo que otros libros no ofrecen: una perspectiva teórica y práctica sobre la proyección astral, los viajes astrales y las experiencias fuera del cuerpo. No importa si usted es un principiante que sabe muy poco sobre la proyección astral o alguien que ya conoce lo básico, todo el mundo aprenderá con esta guía. Con la información más reciente y basada en hechos sobre los campos de energía, los centros de energía, las técnicas de viaje astral y la exploración astral, esta guía agota todo lo que usted necesita saber para comenzar con la proyección astral.

Si desea mejorar su conciencia e iluminación, y convertirse en una versión mejorada de sí mismo, física y mentalmente, siga leyendo. Sin embargo, si no le importa mucho el desarrollo personal, cognitivo y espiritual, puede que este no sea el libro adecuado para usted. Esta guía es para las personas que quieren mejorar. Si usted está listo para emprender un increíble viaje de autodescubrimiento y proyección astral, ¡siga leyendo!

Capítulo uno: Conceptos de energía esencial

Cada humano es un ser espiritual en un cuerpo físico. Como ser espiritual, su cuerpo físico está rodeado por un "aura", un campo de energía que consiste en siete capas diferentes.

Como principiante en la espiritualidad y en las lecturas de energía, la afirmación anterior puede parecer un poco confusa. Sin embargo, no será tan complicada una vez que usted sepa lo que significa. Así que, para descomponerlo: Su cuerpo —el cuerpo humano— está compuesto por diferentes capas de energía, también llamadas niveles de energía. Estas siete capas están separadas y son individuales, pero se interpenetran. Estas capas de energía rodean su cuerpo físico, y juntas, forman su aura. El aura también se conoce como el campo de energía humano. Científicamente, el aura se llama "campo electromagnético". Rodea el cuerpo y se extiende hacia afuera en todas las direcciones, dando como resultado una gran forma ovalada.

Todo organismo vivo tiene su aura, una frecuencia de vibración energética de luz. El campo áurico, o campo de energía, comprende varios colores y un color específico que cubre la mayor área en todo momento. Los colores de su aura sirven como indicadores de su energía, pensamientos, sentimientos y nivel de conciencia. Por lo general, los colores áuricos son los mismos en la mayoría de las personas, pero pueden variar de una persona a otra en algunos casos. En un estado equilibrado, su aura irradia un tono muy brillante y abrumador que se extiende varios pies alrededor de su cuerpo físico. Sin embargo, en un estado de desequilibrio o enfermedad, el campo áurico cambia a un color opaco y se retrae al cuerpo físico. Lo ideal es que los colores áuricos siempre irradien un tono brillante, ya que esto representa vitalidad, positividad y buena salud. Los colores más oscuros y pacos indican enfermedad, negatividad y un desequilibrio general de todo el cuerpo.

Los colores de su aura son los indicadores de su estado mental. Por lo tanto, cada color significa cosas diferentes. Aquí están algunos de los colores áuricos y lo que simbolizan:

• El púrpura representa su nivel de conciencia y apertura. El púrpura en un aura típicamente aparece como destellos de colores que se integran con los bloques de color más grandes.

• El azul significa el nivel de habilidades intuitivas, dependiendo del tono. Un color azul real brillante puede indicar fuertes habilidades clarividentes y energía equilibrada.

• El verde simboliza las habilidades de curación. Tener un color verde azulado en su aura significa que usted tiene poderes de curación dominantes.

• El amarillo indica curiosidad. Si usted tiene amarillo en su aura, significa que está pasando por lo que se conoce como un despertar espiritual.

• El naranja simboliza la vitalidad. También es un indicador de sus emociones. Un color naranja brillante en su aura muestra que usted está vibrante y con buena salud. Combinado con destellos de rojo, representa una robusta confianza en sus habilidades.

• El rojo significa acciones. El rojo oscuro es un indicador de ira reprimida y otras energías negativas. En contraste, un tono de rojo más brillante simboliza la autosuficiencia.

• Los colores del arco iris en un aura se encuentran típicamente en los sanadores naturales, maestros espirituales y trabajadores de la luz.

El aura existe para proteger el cuerpo físico y proteger su espíritu de la frecuencia de vibración negativa, que puede potencialmente dañarle. La energía o campo áurico es el almacenamiento de sus pensamientos, creencias, recuerdos y experiencias de vida. Los chakras y el aura están unidos; por lo tanto, los chakras afectan al aura. Pueden iniciar cambios en la forma y los colores de su aura. Esto es precisamente por lo que las auras humanas varían de un individuo a otro. Debido a las diferencias en el pensamiento y los patrones emocionales, sus vibraciones están cambiando continuamente. Cuando usted experimenta una emoción de baja vibración, el aura atenúa sus colores para reflejar esto. En la misma respiración, se ilumina y expande su radiación cuando usted está de buen humor, y su frecuencia vibratoria está en un nivel alto.

Las siete capas de energía del campo áurico también se denominan "cuerpos sutiles". Son distintos en sí mismos, al contrario que el campo vibratorio único que mucha gente cree que son. Estas siete capas de energía están conectadas a los siete chakras, y se correlacionan con los diferentes niveles de experiencia. Aunque usted puede ver su cuerpo físico, no puede ver los otros siete cuerpos sutiles a menos que tenga poderosas habilidades clarividentes o perceptivas. Incluso las personas que son muy versadas en la lectura de la energía áurica tienen dificultades para entender las capas de energía. Pero usted no necesita ser capaz de ver las capas áuricas antes de que pueda sentirlas. Todo lo que necesita es entender lo que son y cómo trabajar con ellas. Una vez que lo sepa, podrá aprovecharlas para lograr cosas como afinar sus pensamientos, afinar sus emociones o tener una experiencia fuera del cuerpo.

Capa etérica

La capa etérica es el primer cuerpo de energía y es el más cercano a su cuerpo físico. A menudo, etérico se utiliza como sinónimo de aura o cuerpos sutiles. Lo etérico es un derivado del "éter", que se considera un lugar más allá del espacio. El campo de energía etérica está a unos cinco centímetros del cuerpo físico. Como parte crítica de todo el campo energético, la energía etérica es la primera capa que rodea al cuerpo físico. Los expertos que tienen la habilidad especial de sentir la segunda subcapa de energía la describen como una sensación de estiramiento. Es similar a una red, una red de energía que es exactamente como el cuerpo físico. La capa etérica mantiene su cuerpo físico en su lugar. Es donde se encuentran tus principales nadis, pequeños canales de energía.

La capa etérica está unida al chakra de la raíz en la base de su columna vertebral. Su color varía de azul a violeta y a gris plateado. De todos los cuerpos sutiles, la capa etérica es la más fácil de ver con los ojos. Incluso usted puede ver el suyo cuando se frota las manos por lo menos por 30 segundos. Debido a su conexión con la salud y la vitalidad del cuerpo físico, las personas que están físicamente en forma y activas tienden a tener cuerpos etéricos poderosos.

Capa emocional

Esta capa áurica es el segundo cuerpo sutil, a unos cinco centímetros de su cuerpo físico. La capa emocional interpenetra los cuerpos físico y etérico. También sirve como un puente entre el cuerpo mental y el físico. Está conectada al chakra sacro y sirve como contenedor de todas sus emociones y sentimientos. Como el almacenamiento de sus sentimientos y miedos, el campo emocional sintetiza e interpreta su experiencia del mundo. Determina cómo usted reacciona, interpreta y responde a las situaciones internas y externas, incluyendo las percepciones de otras personas sobre usted.

El cuerpo emocional es un espectro de color que existe como un cuerpo en movimiento fluido. Dependiendo de su experiencia emocional, los colores pueden ser brillantes, cálidos y saturados, o peligrosamente oscuros, tranquilos y nublados. El vínculo entre el campo mental y el emocional es el motivo por el cual las personas tienen diferentes percepciones sobre la misma situación. Cuando el cuerpo emocional está desequilibrado, es fácil malinterpretar y reaccionar irracionalmente a las situaciones. Sin embargo, en equilibrio, el campo emocional actúa como el centro de todo. En otras palabras, regula su estado emocional. Piense en ello como el conductor de su conciencia.

Capa mental

El cuerpo mental es la tercera capa del campo áurico. Enganchado al tercer chakra, es responsable de la formulación de los procesos de pensamiento. Por el nombre, se puede decir que esta capa se conecta con la mente, la capacidad cognitiva y el estado mental. La capa mental también está conectada con el chakra del plexo solar, que es amarillo. Por lo tanto, toma la apariencia de una nube amarilla dorada que rodea la cabeza y los hombros de cada persona.

La capa mental está de tres a ocho pulgadas de su cuerpo físico. Sin embargo, se expande cuando se involucra en un pensamiento intenso o en el procesamiento del pensamiento. Al igual que el cuerpo físico y etérico, el cuerpo mental también tiene una estructura. Dentro de la capa, usted puede ver cómo se forman los pensamientos. Los colores de la capa mental están conectados con algunos colores del cuerpo emocional. Los colores vinculados entre sí representan las emociones asociadas a cada forma de pensamiento, lo que explica por qué las capas mental y emocional están conectadas.

Cuando usted se enfoca intensamente en un pensamiento en particular, el pensamiento parece bien formado, y cualquiera con un alto sentido de percepción puede ver el pensamiento. Esto da una idea de la realidad de cómo los pensamientos toman formas en el campo áurico y posteriormente viajan hacia abajo en efecto a los otros cuerpos de energía hasta que llegan a la vanguardia de su cuerpo físico. La capa mental es típicamente más robusta en las personas que ejercitan sus mentes más regularmente que los otros sentidos. Toma una apariencia brillante cuando usted se enfocas mentalmente en cualquier cosa.

Capa astral

El cuerpo astral se encuentra por encima de las tres capas mencionadas hasta ahora y se extiende alrededor de un pie hacia afuera. Esta capa está conectada al cuarto chakra, lo que significa que es el puente entre el yo físico y el yo espiritual. Es central para todas las otras capas, es decir, está situado en el centro. Similar al cuerpo emocional, la capa astral es el hogar de un espectro de luz que está en continuo movimiento. El tono de los colores en el cuerpo astral cambia dependiendo de su salud espiritual. Su cuerpo astral está estrechamente ligado al chakra del corazón y se correlaciona con sus expresiones de materias del corazón. Por lo tanto, afecta a sus lazos relacionales y conexiones con otras personas.

Capa plantilla etérica

La plantilla etérica se encuentra a un quinto de su cuerpo físico, extendiéndose unos dos pies hacia afuera. Es el plano energético de la matriz física de la que proceden su estructura y sus órganos. Esta capa está conectada al chakra de la garganta. Similar a la garganta, el cuerpo de la plantilla etérica canaliza todo en el plano físico hacia el ser. Antes de que su cuerpo físico se enferme, usted puede sentirlo en su cuerpo de la plantilla etérica. Esto también significa que puede curar enfermedades y dolencias en este plano áurico antes de que se manifiesten en su cuerpo físico. La plantilla etérica toma diferentes colores en diferentes personas. Cuando usted se libera de las limitaciones y su autoconciencia aumenta, las plantillas etéricas irradian brillantemente.

Capa celestial

La capa celestial es el sexto cuerpo sutil y está conectada al chakra del tercer ojo. Algunas personas también llaman al cuerpo celestial el cuerpo espiritual. El cuerpo celestial sirve como puente entre usted y su conexión con todas las cosas, incluyendo su verdadero ser al universo, el ser superior, lo divino, o el más allá. Aunque es una de las capas áuricas más poderosas, muchas personas no son conscientes de la existencia del cuerpo espiritual, y esto se debe a que no están en sintonía con la energía espiritual. También es el lugar donde sus imaginaciones, percepciones e intuiciones toman forma. Tiene muy poco que ver con la religión y todo lo que tiene que ver con su yo superior. Es el lugar donde el despertar y la iluminación comienzan.

Capa ketérica

La séptima y última capa está conectada al chakra de la corona, extendiéndose tres pies hacia afuera. La capa ketérica significa su conexión con el universo. Es donde usted se vuelve uno con el cosmos, el ser superior y lo divino. Es el estado de la conciencia superior, el lugar donde reside su conciencia superior. Su cuerpo espiritual es una representación de la unión entre su alma, experiencias, karma y destino. Contiene todo lo que su alma ha experimentado y experimentará en su vida pasada y presente.

La capa ketérica mantiene el campo áurico y cada chakra juntos. Es la interfaz entre usted y todo lo demás. Esta capa es dorada. Desbloquear la capa ketérica abre el camino a un entendimiento de otro mundo del universo y lo que usted representa dentro de él. Desbloquear con éxito la capa ketérica le da la posibilidad de acceder a sus registros akáshicos y ver los detalles de su vida pasada y de la de los demás.

Aunque estas siete capas de energía son cuerpos distintos, pueden interconectarse entre sí basándose en sus experiencias diarias.

Ahora, mucha gente generalmente cree que el cuerpo físico también es parte del campo áurico, pero no lo es. El campo áurico rodea su cuerpo. Las siete capas del campo energético son "cuerpos sutiles". El cuerpo físico es un producto del campo morfogenético. Según la biología, es una familia de células que forman la estructura y los órganos concretos del cuerpo, como el cerebro, la piel, el músculo, los huesos, la sangre, etc. Su cuerpo físico es su sistema esquelético, ligamentos, venas, y todo lo que compone lo que llama su "ser físico". Debido a su tangibilidad, usted puede saber cuándo el cuerpo físico está herido o no, sano o no, lleno o no. Generalmente le da signos reconocibles y físicos. El cuerpo físico es una representación de su experiencia física en el mundo, la fisiología y la capacidad de herir y curar. Cuando este cuerpo está en equilibrio, usted se siente saludable, complaciente y flexible. Cuando sus elementos vitamínicos y minerales están en equilibrio, el cuerpo físico está libre de toxicidad, acidez y dolor. Las siete capas del campo de energía existen para proteger y escudar el cuerpo físico.

De todos los siete cuerpos áuricos, el que más se discutirá en este libro es el cuerpo astral. Sin el cuerpo astral, serían imposibles la proyección astral, los viajes astrales y las experiencias fuera del cuerpo. Así que, averigüe qué distingue a estos tres términos.

Capítulo dos: ¿Proyección astral, viaje astral, o EFC?

La proyección astral puede ser un concepto relativamente nuevo en los medios modernos, pero ha existido durante años. Una vez, fue un conocimiento que solo unos pocos iluminados poseían. Ahora, la proyección astral está en los principales medios de comunicación, y mucha de la información que rodea al concepto está siendo distorsionada. La proyección astral, los viajes astrales y las experiencias fuera del cuerpo (EFC) se están utilizando indistintamente. Esto lleva a la desinformación para las personas que piensan que les gustaría viajar por el plano astral. El cuerpo astral y otros cuerpos sutiles han sido registrados desde hace mucho tiempo en los registros e informes históricos. Sobre esa base, se han desarrollado muchas prácticas de curación esotérica en consonancia con el conocimiento del campo de la energía humana, especialmente en Oriente. Hasta el día de hoy, las prácticas de curación esotérica siguen siendo ampliamente reconocidas y aceptadas. También se están volviendo más populares en los medios de comunicación principales.

Para entender lo que implica la proyección astral o viaje astral, primero hay que tener una idea de lo que implica la EFC. Una experiencia fuera del cuerpo es un estado en el que usted puede sentir que su conciencia se escapa de su cuerpo. En la ciencia, también se le llama un episodio disociativo porque su conciencia se está disociando de su cuerpo físico. Se cree que las EFC las experimentan las personas que han estado en situaciones cercanas a la muerte. Típicamente, usted puede sentir su sentido del yo en su cuerpo físico. Esto le permite percibir el mundo y todo lo que contiene desde un punto de vista ventajoso. Pero durante las EFC, usted siente que está viendo el mundo y a sí mismo desde una perspectiva diferente. A menos que haya experimentado directamente una EFC, es difícil dar una descripción precisa y detallada de lo que se siente. Sin embargo, una EFC generalmente implica una sensación de estar flotando fuera de su cuerpo. Además, se siente como si estuviera mirando hacia abajo al mundo y a su cuerpo desde una altura. Durante una EFC, todo se siente muy real, como si tuviera la experiencia en la realidad. Las EFC generalmente ocurren sin intención y sin aviso. Además, no duran tanto tiempo.

Mucha gente se refiere a la proyección astral y a la EFC como la misma cosa; sin embargo, son diferentes. La proyección astral es una EFC intencional. Involucra todo lo que sucede en una experiencia fuera del cuerpo. Sin embargo, la diferencia fundamental es que usted tiene que hacer un esfuerzo deliberado para salir de su cuerpo. Además, una proyección astral implica hacer un esfuerzo para enviar su conciencia hacia el plano espiritual.

Por otro lado, las EFC no son planificadas, y ocurren cuando menos se lo espera. El viaje astral es casi lo mismo que la proyección astral y la EFC, pero es una experiencia más profunda. Cuando usted viaja en astral, logra enviar su conciencia a la dimensión espiritual. Usted llega a permanecer en la dimensión y sintonizar con su conciencia superior durante un tiempo específico antes de finalmente dejar su cuerpo. Se puede decir que la EFC es el término científico, mientras que la proyección astral o el viaje astral son espirituales. Pero todos ellos se refieren a la misma práctica o experiencia, con solo ligeras diferencias.

Existen otras diferencias entre las proyecciones astrales, los viajes astrales y las EFC. En el campo científico, los expertos reconocen que las EFC de hecho suceden. Hay varios estudios dedicados a la comprensión de las EFC. Se dice que las EFC no intencionales ocurren por varias razones posibles.

Uno de los posibles desencadenantes de las EFC, según los expertos médicos, es el trauma o el estrés. Una situación peligrosa, amenazadora o atemorizante puede desencadenar una respuesta de miedo, que luego lo impulsa a disociarse de la situación y a vivirla como si fuera un espectador. En esencia, cuando se disocia de una experiencia traumática, puede observar el evento desde algún lugar fuera del plano físico. Muchas mujeres experimentan EFC durante el parto debido a la dificultad. Otra posible causa de las EFC no intencionales son las condiciones médicas. Otras incluyen medicación, shock, trance meditativo, etc. Sin embargo, ninguna de estas causas exactas se aplica a la proyección o viaje astral. Las proyecciones astrales son intencionales. No ocurren debido a estrés, trauma o cualquiera de las razones mencionadas anteriormente. Durante una proyección o viaje astral, usted puede mantener una clara conciencia de sí mismo. Sus sentidos se intensifican y se refinan, dándole la oportunidad de cuestionar sus acciones y decisiones fuera de su cuerpo. Los viajes astrales no son inesperados, y no le toman por sorpresa.

Con la ayuda de la proyección astral, usted puede desbloquear el conocimiento y el poder necesarios para descubrir la respuesta a la pregunta siempre presente sobre la vida en el plano físico. Una vez que usted se da cuenta de que hay otras dimensiones humanas — lugares de existencia a los que transitas después de la muerte— la vida comienza a tomar un significado más profundo. Al aprender a viajar por el plano astral, usted puede aprender cosas que no sabía sobre su verdadero ser y desaprender las cosas que antes consideraba la verdad. Esto abre sus ojos al hecho de que su cuerpo físico no es nada más que una parte de su yo completo. Usted se da cuenta de que hay más en su existencia de lo que el ojo ordinario puede ver. Viajar por el plano astral es la clave para desbloquear una mayor conciencia de sí mismo. En la conciencia limitada, usted no ve ni entiende realmente lo que compone su existencia. Usted cree que el cuerpo físico es todo lo que hay en la realidad. El viaje astral puede ayudar a corregir esta creencia errónea.

Como humano, usted nace con un cuerpo físico que le permite existir en el plano físico. Sin la forma física, sería imposible que su alma existiera en la Tierra por sí misma. La proyección astral le permite desprenderse de este cuerpo físico y proyectarse al plano de existencia vecino, el plano astral. Cuando usted hace esto, su alma deja su cuerpo físico y entra en el cuerpo astral. El cuerpo astral ya es una parte de usted, al igual que su cuerpo físico. La diferencia es que usted no puede tomar posesión de él intencionadamente a menos que aprenda a entrar en el campo áurico.

El cuerpo astral tiene cualidades distintivas que lo diferencian de su forma física. El cuerpo físico está restringido por la gravedad, pero el cuerpo astral no. A través del esfuerzo mental, su cuerpo astral puede superar fácilmente la restricción de la gravedad. Mientras usted está en su cuerpo astral, usted puede caminar como lo hace en el físico, elevarse sobre el suelo, o incluso viajar al espacio. A diferencia del cuerpo físico, el cuerpo astral no se lastima ni se lesiona. En la Tierra, uno de los miedos más fuertes que los humanos experimentan es el miedo al dolor y a las lesiones. Fuera del cuerpo, sin embargo, se puede desaprender la respuesta humana normal a las emociones aparentemente negativas como el miedo o las experiencias que desencadenan estas emociones. Esto se debe a que nada puede dañar o perjudicar a su cuerpo astral. Usted no puedes ser herido por armas, cuchillos, enfermedades o coches de carreras; por lo tanto, usted no responde a ellos con miedo.

La proyección astral es una forma de telepatía. Se podría decir que es la telepatía en su forma más simple. Cuando usted está fuera de su cuerpo, puede comunicarse con los pensamientos. La comunicación verbal no es obligatoria. No necesita mover los labios para que la gente escuche lo que usted tiene que decir. Sin embargo, puede comunicarse verbalmente si lo desea. A veces, en el plano físico, usted puede oír algo que parece un pensamiento pero, en realidad, es otra persona que se comunica con usted desde el plano astral.

Hay cuatro maneras en las que su conciencia puede dejar su cuerpo físico para entrar en el cuerpo astral.

• **Accidentalmente/inconscientemente**: Usted puede viajar en astral mientras está dormido, sin quererlo. Ni siquiera sabrá que está fuera de su cuerpo físico. Mucha gente experimenta esta forma de proyección astral, pero no lo saben. Como resultado, puede que no crean que la proyección astral sea una experiencia real. Cuando usted tiene sueños de volar, es generalmente porque su cuerpo astral está flotando y mirando hacia abajo al físico.

• **Accidentalmente/conscientemente**: Esto sucede cuando su conciencia deja su cuerpo, y usted despierta en la forma astral. Sin conocimiento previo del plano astral o de la proyección astral, puede reaccionar con pánico, creyéndose muerto. Esto es lo que sucede con muchas personas que han estado en situaciones cercanas a la muerte y han experimentado una EFC.

Si esto sucede por primera vez, su reacción inmediata será luchar contra su cuerpo. Pero como verá, cuanto más lo intente, más difícil le resultará llegar a su cuerpo físico. La clave es no preocuparse o entrar en pánico. Mantenga la calma, y volverá a su cuerpo.

La razón por la que encontrará un desafío para volver a su cuerpo físico cuando luches es:

La lucha mantiene la frecuencia vibratoria del cuerpo astral fuera de sincronía con el físico. Por lo tanto, su conciencia no puede transitar fácilmente de uno a otro.

- **Intencionalmente/inconscientemente:** Usted trata de proyectarse fuera de su forma física y tiene éxito. Sin embargo, no tiene ni idea de lo que ha logrado. Por lo tanto, no hace nada hasta retornar a su forma física inconscientemente.

- **Intencionalmente/conscientemente:** Esto es la proyección astral practicada, que usted tiene que aprender a lograr. Es cuando deliberadamente deja su cuerpo físico por su cuerpo astral. En su forma astral, usted puede hacer todas las cosas que hace su cuerpo físico.

Hoy en día, muchas personas se han familiarizado y aceptan que viven dentro de un universo compuesto de energía y materia. Más aún, se han sentido cómodos con el conocimiento de que son seres de energía. Esencialmente, la diferencia significativa entre el viaje astral inconsciente y el practicado es que las proyecciones astrales conscientes le permiten controlar su cuerpo astral y dónde lo visita en este estado. Pero usted no tiene control sobre lo que sucede cuando viaja en astral mientras duerme. Cuando sueña, es una forma de proyección astral, una inconsciente, tanto que su alma abandona su cuerpo cuando duerme.

Hay un interruptor físico que puede ser activado a voluntad para desencadenar un estado de viaje astral. Este interruptor se activa cuando se realiza un viaje astral intencional y consciente o una experiencia fuera del cuerpo. Se encuentra en lo profundo del cerebro y se conoce como la glándula pineal. Cuando la glándula pineal se activa, libera dimetiltriptamina (DMT). Esta DMT es la sustancia química que alerta e impulsa a su alma fuera de su cuerpo. También desencadena experiencias cercanas a la muerte e inicia el paso del alma en el momento de la muerte.

Siendo realistas, solo un puñado de personas pueden controlar lo que su alma hace cuando está fuera del cuerpo mientras están dormidos. La proyección astral le da el control, por lo que se le llama "sueño consciente".

Hay numerosos beneficios de aprender y practicar la proyección astral en un estado de conciencia. Estos beneficios van más allá del ámbito físico o mental. Para ayudarle a asimilar cómo el viaje astral puede impactar en su vida, hay un capítulo dedicado a los beneficios de la proyección astral, el viaje astral y las experiencias fuera del cuerpo.

Capítulo tres: Proyección astral y sueños

La gente viaja en sus sueños, a veces lúcidamente y a veces sin darse cuenta. Como resultado, mucha gente cree que la proyección astral y el sueño lúcido son lo mismo. Mucha gente afirma que visita el plano astral cada vez que duerme y sueña. ¿Pero lo hacen? No, no lo hacen.

La proyección astral no es una fabricación de la mente, a diferencia de los sueños. Los sueños son fabricaciones mentales que su mente subconsciente crea cuando está dormido. Usted solo puede soñar cuando duerme, pero no tiene que dormir para practicar la proyección astral. Cuando se duerme, usted vive esta realidad para entrar en su mente subconsciente. Sin embargo, durante la proyección astral, deja esta realidad por otro reino de la existencia que es igual de real, un campo donde su cuerpo físico no puede ir, pero que su alma puede visitar a voluntad. En un sueño, se encuentra con personajes que no son ni reales ni conscientes; su mente subconsciente crea estos personajes. Normalmente son personas que usted conoce y con las que está familiarizado. En la proyección o viaje astral, se encuentra con seres reales, conscientes y reales. Los seres que encuentra en el plano astral son o bien personas que viven allí o bien personas que están de visita, como usted. Las probabilidades de encontrar a gente que ya conoce son bajas.

Sueño lúcido

Soñar lúcidamente, en los términos más simples, es soñar mientras se está en un estado de conciencia. Cuando usted sueña, y es consciente de estar soñando, eso es un sueño lúcido. Cuando usted está lúcido (consciente) en su sueño, puede controlar los personajes de su sueño, pero esto típicamente requiere algo de práctica. En un estado de sueño lúcido, puede pasar el rato con su celebridad favorita, ir de excursión, y quizás incluso cambiar a la forma de su mascota. Todo esto determina hasta dónde está dispuesto a dejar correr su imaginación. Por el contrario, no puede controlar a los seres que conoce en el reino astral. Como usted, son sus propios seres y tienen libre albedrío.

Debido a las similitudes, el sueño lúcido se confunde a menudo con la proyección astral. Sin embargo, los separan algunas diferencias. Para ver cuán distintas son las dos experiencias, a continuación se presenta una breve comparación.

En el sueño lúcido:

- Usted está dormido
- Usted es consciente de que la experiencia es un sueño
- Su ubicación puede estar donde quiera
- Su conciencia no abandona su cuerpo
- Usted puede controlar los personajes y el entorno en la experiencia
- Cuando termina de soñar, simplemente tiene que despertar

En la proyección astral

- Usted está despierto y se proyecta

- La experiencia es real

- Su experiencia comienza dondequiera que esté su cuerpo físico

- Su conciencia abandona su cuerpo, y el cuerpo físico se vuelve vacío

- No puede controlar las acciones de los espíritus que encuentra en el plano astral, pero puedes ser capaz de manipular el entorno un poco

- Su conciencia regresa a su cuerpo solo después de que su experiencia haya terminado

Una cosa que se entiende muy mal es que el sueño lúcido y la proyección astral son dos prácticas individuales. No es necesario aprender el sueño lúcido para practicar la proyección astral. Una vez que aprenda y perfeccione sus habilidades de proyección astral, podrá fácilmente acostarse en su sofá y proyectar su conciencia fuera de su cuerpo físico para visitar el plano astral. Es un desafío aprender, pero no es imposible. Puede aprender a transmitir su conciencia desde su forma física hasta el punto de que podría salir mientras ve una película en el cine o cena con amigos en su lugar favorito. Sin embargo, no es descabellado decir que perfeccionar sus habilidades de sueño lúcido puede ayudarle a dominar la proyección astral hasta ese punto.

Viaje astral durante el sueño

Cuando usted duerme, el alma se hace cargo de su cuerpo, con la capacidad de hacer lo que quiera e ir a otras dimensiones. Algunas personas experimentan esto como una ocurrencia nocturna sin darse cuenta. Si esto le sucede, se despierta al día siguiente sin saber que su alma deambula y viaja. Casos como este son *viajes astrales inconscientes.* Normalmente, cuando se levantas de un sueño en el que su alma ha viajado astralmente a otras dimensiones, puedes tener un recuerdo nebuloso de la experiencia. Incluso puede pensar que fue solo un sueño "raro", ya que los sueños pueden ser raros. Otras veces, probablemente ni siquiera recuerde nada sobre su alma vagando toda la noche. Y hay veces que se despierta con un recuerdo vívido de un sueño que implicaba pasar el rato con otros y vivir la vida. En casos así, probablemente se pregunte si eso cuenta como un sueño o un viaje astral. También puede que usted se pregunte cómo empezar a reconocer cuando su alma viaja astralmente mientras duerme. Mientras su conciencia deje su cuerpo físico, es un viaje astral. Ser consciente de su estado de sueño no cuenta como proyección astral si su alma no abandona su cuerpo físico.

¿Cómo reconoce cuando ha viajado en astral en su sueño?

En primer lugar, puede recordar el sueño vívidamente y sentir que fue real. Si recuerda haber conocido a personas que no conoce en la vida real y haberles hablado, es probable que su alma haya viajado al reino astral mientras dormía. También puede recordar haber ido a lugares desconocidos. Otro indicador de la proyección astral en los sueños es cuando se despierta sintiéndose agotado como si hubieras pasado la noche haciendo recados. A veces, el cuerpo se siente enormemente inquieto una vez que el alma errante vuelve a él después de una noche de aventuras. No importa si ha dormido bien o no; simplemente se siente inusualmente cansado. Si recuerda haber tenido un sueño en el que la gente no parecía gente real, puede ser un indicador de que viajó en astral. A veces, las personas aparecen distorsionadas y sin forma en sus viajes inconscientes. Pueden aparecer rodeadas de una luz cegadora y de colores variados sin asumir una forma humana.

A menos que usted haya aprendido las técnicas y comenzado a practicar, no puede viajar astralmente conscientemente mientras duerme. Si sueña con la proyección astral, sigue siendo un sueño;

no significa que realmente esté viviendo la experiencia. Pero una vez que haya aprendido a ser consciente y a viajar astralmente en su sueño, sabrá cuando su alma abandona su cuerpo. Lo sabrá porque será alertado del sueño. Descubrirá que su cuerpo físico no puede moverse, y sentirá que el alma se escapa de su cuerpo. Puede que incluso sienta un poderoso hormigueo y escuche algún sonido. Las experiencias varían de una persona a otra, pero el resultado es siempre el mismo. Una vez que esté en su forma astral, puede viajar por el plano material o ir más allá de él al propio reino astral. En la proyección astral, usted puede tener experiencias reales con su conciencia y recordarlas vívidamente porque son reales.

Cómo diferenciar entre el viaje de los sueños y el viaje astral.

Sin duda, usted puede viajar a diferentes lugares en sus sueños sin salir de su cuerpo. Digamos que ya ha estado en Hollywood antes en vacaciones. Fue a Hollywood, visitó todos los lugares famosos, e incluso consiguió los autógrafos de algunos de sus actores favoritos. En su sueño, puede subirse a un avión e ir a Hollywood una vez más. Esto se debe a que ha estado en este lugar antes, y es fácil para su mente subconsciente reconstruirlo a partir de su caja de memoria. Incluso si nunca ha estado allí antes, su mente puede recrear la memoria de las películas que ve y los libros que ha leído. En casos como este, no está viajando astralmente. En cambio, su mente vuelve a visitar un lugar familiar que ha visto o ha estado antes en su estado de vigilia.

- En los viajes de los sueño, las experiencias no se sienten tan vívidas. En cambio, se sienten mundanas y vagas.

- Solo va a lugares que ha visto antes o a lugares de los que tiene recuerdos, tangibles o intangibles, como su instituto, los lugares habituales de vacaciones o la universidad.

- Ve a gente de su pasado o presente, gente que conoce. Por ejemplo, puede ver a su joven vecino de hace diez años precisamente como eran cuando los conoció.

- Los sueños adquieren un significado simbólico que puede analizar e interpretar una vez que despierta.

- Se dedica a las tareas más aleatorias y mundanas en los viajes de los sueños, como lavar los platos o leer un libro.

- Se transporta al lugar del viaje de sus sueños a través de un medio de transporte estándar, como el coche o el tren público.

- Se comunica verbalmente con los personajes de su sueño como lo hace en el mundo físicamente consciente.

¿Pueden los sueños ser señales del plano astral?

Algunos expertos en espiritualidad creen que los sueños son a veces mensajes del plano astral. Cuando usted está dormido, es una oportunidad para que los seres conscientes del plano astral le adviertan sobre acciones o decisiones específicas enviando mensajes codificados a través de sus sueños. Como la mayoría de los humanos, probablemente olvide sus sueños, pero ayuda tomar notas cuando se despierte y recordar cualquier código o símbolo en su sueño. Luego, trate de analizar estos símbolos. Por lo general, los sueños se pintan demasiado por la mente subconsciente y sus extravagantes ilusiones, y es vital diseccionar el verdadero significado de sus sueños. En el plano astral es donde se puede obtener información y vislumbrar cosas que aún no se han manifestado en el reino físico. Por lo tanto, la proyección astral puede ayudarle a obtener nuevas perspectivas sobre sus acciones y las decisiones que toma.

Cómo viajar por el plano astral con habilidades de sueño lúcido.

Dominar el sueño lúcido tiene un efecto secundario positivo. Le enseña a despertar su mente mientras su cuerpo permanece dormido. Para proyectarse conscientemente en el astral, esta es una habilidad necesaria. Para separar su alma de su cuerpo físico, tiene que aprender a transitar su conciencia desde su cuerpo hasta su vehículo astral. Es como poner su alma en un cuerpo fantasmagórico, pero no es tan simple. Así que, una vez que domine cómo mantener su cuerpo dormido mientras su mente permanece despierta y consciente, estará a medio camino de aprender la proyección astral consciente. Por lo tanto, es muy recomendable que primero aprenda a practicar el sueño lúcido antes de comenzar las prácticas de proyección astral.

Capítulo cuatro: Los beneficios de la proyección astral

Ya sea que quiera llamarlo proyección astral, viaje astral, o una experiencia fuera del cuerpo, dejar el terreno físico para observar el mundo desde un punto de vista de otro mundo puede tener un montón de beneficios para su bienestar físico, mental y espiritual. Muchas personas que experimentan EFC han informado que la experiencia es tanto emocionante como esclarecedora. Los beneficios reportados de los viajes astrales y las EFC van mucho más allá de las restricciones de sus sentidos físicos e intelecto. Después de una experiencia fuera del cuerpo, usted pasa por un despertar de su ser interior, el que está conectado con su identidad espiritual. Toma consciencia de que usted ere más que solo materia y tiene más conciencia de la realidad tal como está ocurriendo. Muchas personas han reportado haber obtenido una sabiduría más profunda en sus tratos y experiencias personales, y un sentido de conexión con su núcleo espiritual. Esto es lo que la práctica de la EFC puede hacer por usted:

1. Mayor conciencia de la realidad

La proyección astral expande su conciencia de la realidad. Si usted nunca ha dejado el plano material, es fácil creer que es todo lo que hay en el universo. Además, esto es lo que mucha gente que nunca ha tenido una experiencia fuera del cuerpo cree. Sin embargo, su percepción de la realidad mejora significativamente después de haberla experimentado una vez. Esto se debe a que se encuentra con otros seres en el plano astral, algunos de los cuales tienen una comprensión más profunda de la vida y el universo que usted. Mientras no se imponga a ellos, los seres que conozca estarán siempre listos para compartir su conocimiento con usted.

2. Verificación de la inmortalidad

Las experiencias fuera del cuerpo son la verificación de su inmortalidad. Por supuesto, usted ya sabe que la gente muere. Pero no sabe lo que se siente. La muerte es algo que millones de personas experimentan anualmente. Implica que el alma abandone el cuerpo para siempre, para no volver nunca. Las EFC proporcionan la misma experiencia que la muerte porque su conciencia se escapa de su cuerpo por completo. La diferencia es que su alma puede regresar a su cuerpo después de que termine en el plano astral. La proyección astral consciente es la clave para obtener una experiencia de primera mano de la capacidad del alma de existir separada del cuerpo físico.

3. Pérdida del miedo a la muerte

Ya sea que lo admitan o no, la mayoría de la gente le teme a la muerte. Sin embargo, el miedo a la muerte no parece tan precario como suele ser cuando se empieza a viajar por el plano astral. Esto es usualmente una realización que cambia la vida de las personas que experimentan la EFC por primera vez. El miedo a la muerte proviene del miedo a lo desconocido. ¿Adónde vamos cuando morimos? ¿Qué le sucede a nuestra alma? Estas son preguntas cuyas respuestas se encuentran cuando se tiene una experiencia fuera del cuerpo. Cuando usted visita el plano astral, está en un estado psicosomático, lo que significa que existe fuera de su yo físico. El yo astral, a diferencia de su yo físico, no está cautivo de limitaciones y miedos. Practicar la proyección astral o simplemente tener una experiencia fuera del cuerpo le enseña que hay poco que temer de la muerte ya que hay otras existencias más allá de la física. Cuanto más practique las EFC y la proyección astral, más disminuye su miedo a la muerte.

4. Mayor respeto por la mortalidad

Las personas que nunca han tenido una experiencia fuera del cuerpo tienden a pensar que descubrir la realidad sobre la muerte les impactaría negativamente, pero sucede todo lo contrario. En lugar de reducir su apreciación del mundo y la vida tal como la conoce, la proyección astral aumenta la admiración y el aprecio por todo lo que le rodea. El plano astral y el plano físico son dos existencias que se interrelacionan. Sin embargo, ambos son diferentes en formas distintivas. El plano físico tiene ciertas cosas que lo hacen especial y único. La proyección astral le enseña a tomar la vida como una aventura una vez que usted se da cuenta de que no tendrá su forma física para siempre.

5. Autodesarrollo acelerado

La experiencia de primera mano y el reconocimiento de que usted es más que un simple ser físico abre capas de su conciencia que de otra manera permanecen cerradas. Esto le introduce a nuevos niveles de desarrollo personal. Si hay algo que puede acelerar su desarrollo personal, es la proyección astral. Con una mayor conciencia de la realidad y una visión más amplia de los siete planos, usted empieza a ver el mundo desde una nueva perspectiva. Más importante aún, usted empieza a aplicar la nueva perspectiva a sus pensamientos, acciones, decisiones y experiencias de vida. La apertura y el despertar de su mente se desbordan en su realidad física y le prepara para más de las muchas aventuras de la vida. Una vez que desbloquea el vasto conocimiento asentado profundamente en su mente subconsciente, aumenta su habilidad para explorar el universo en todos los niveles.

6. Habilidades psíquicas mejoradas

Las experiencias fuera del cuerpo mejoran enormemente las habilidades telepáticas, precognitivas, proféticas y psíquicas. Cada individuo posee estas habilidades hasta cierto punto. Pero se mejoran mucho cuando se tiene una conexión despierta con el yo superior. El aumento de las capacidades psíquicas viene con el hecho de estar en sintonía con su campo de energía. A medida que usted desbloquea su campo áurico y se alinea con sus capas de energía, sus habilidades psíquicas se desarrollan. Algunas personas han reportado ser capaces de realizar una *visualización remota* después de que empiezan a practicar la proyección astral. Otros han reportado haber encontrado a sus seres queridos fallecidos en el plano astral. Sean cuales sean sus habilidades psíquicas, asegúrese de que se eleven una vez que empiece a practicar la proyección astral.

7. Una mayor necesidad de respuestas

Después de una experiencia fuera del cuerpo, muchas personas desarrollan un deseo de navegar por el mundo espiritual en una búsqueda personal para resolver ciertas cosas que siempre han considerado como misterios. Se dan cuenta de que los secretos solo permanecen como misterios cuando no se buscan las respuestas a las preguntas planteadas. Las soluciones están disponibles para aquellos que están dispuestos a buscarlas.

8. Evolución acelerada

A lo largo de los años, los humanos han ido evolucionando. Sin embargo, esta evolución no es el resultado de cambios biológicos, es la evolución de la conciencia. A medida que el mundo físico se vuelve continuamente más complejo, los humanos desarrollan una necesidad innata de descubrir la razón de los rápidos cambios que ocurren a nuestro alrededor. Por lo tanto, la necesidad de la gente de tener respuestas los lleva a todos los niveles progresivos de la evolución humana. Eventualmente, evolucionarán hasta el punto en que finalmente estén listos para aceptar los reinos y dimensiones no físicas, y explorarlos.

9. Habilidad para sanar el cuerpo y el alma

Dormir es una forma de que su cuerpo se recargue, se restaure y se cure. La falta de sueño puede tener muchos efectos destructivos en su salud mental y física. De hecho, no dormir durante mucho tiempo puede resultar en la muerte debido a que el cuerpo no puede recargarse o restaurar sus capacidades de curación. Como usted deja su forma física cuando está en un estado astral, es similar a dormir. Como resultado, la práctica de la proyección astral proporciona una excelente oportunidad para que su cuerpo se cure más rápido y mejor. Además, el hecho de que su campo de energía esté en un estado de alerta elevado durante las proyecciones astrales permite que la curación tome solo unos minutos en el estado astral. Mientras usted duerme, la curación puede durar varias horas. Más aún, algunos practicantes de EFC han reportado ser capaces de curarse a sí mismos y a otras personas en su estado astral. A menudo implica enfocar su pensamiento en cualquier parte particular de su cuerpo donde necesite curación.

10. Aumento del equilibrio energético

Cuando usted medita, su estado de conciencia aumenta dramáticamente, resultando en una mayor atención. De la misma manera, la práctica de la EFC refuerza la conexión que usted tiene con su campo áurico. Es igual que la forma en que usa el ejercicio para mejorar la fuerza de su cuerpo físico. La práctica regular de la proyección astral pone su sistema de energía en un estado de equilibrio, lo que significa que todas sus capas de energía están sincronizadas. Cuanto más practique, mejor será su equilibrio energético. Pronto, el entrenamiento le llevará al punto en el que sus sistemas de energía estén totalmente calibrados dentro de su campo áurico.

11. Visiones en el pasado

La teoría de que el universo es paralelo, por lo que la vida de la gente es paralela, es bastante popular. En resumen, la vida no es una realidad o existencia lineal. Muchas personas que han tenido una EFC a menudo informan ser capaces de visitar sus experiencias pasadas y recordar recuerdos de esta vida porque hay un punto de energía residual donde todas las vidas se cruzan. Cuando usted visita el plano astral, puede entrar en contacto con este punto de energía y ver eventos de sus vidas pasadas jugar a través de sus ojos —como ver una película en la que usted es el protagonista. Solo que usted es el único que puede verla.

12. Incremento de la espiritualidad

La proyección astral profundiza su conexión con lo espiritual. Una vez que se da cuenta de que existen otras cosas más allá del plano material, es difícil desviarse del vínculo entre usted y su esencia espiritual. Las EFC proporcionan una comprensión más profunda de la espiritualidad y la naturaleza de los espíritus. La EFC es una experiencia espiritual porque involucra a su alma/espíritu. Obtiene una sensación de conexión con algo que parece ser mucho más elevado que usted. Algunos lo llaman el universo, mientras que otros lo llaman el ser superior dentro de cada uno. Sea cual sea el nombre que elija, debe saber que despertará una conexión más fiable y robusta con una existencia real y significativa.

13. Encuentros con sus Guías Espirituales

Hay seres no físicos que residen en el plano astral. La proyección astral es una forma de conocer a estas entidades y seres, incluyendo ángeles y espíritus. Pueden proporcionar respuestas a su deseo innato y resolver los misterios que le preocupan. De lo contrario, su papel en el plano astral puede ser simplemente el de servirle de guía, dirigiéndole por el camino correcto. Independientemente de ello, cualquier entidad que encuentre en el plano astral no puede herirle o dañarle mientras tenga el control de su forma astral y su campo de energía. Así que no se preocupe demasiado por mantenerse a salvo en el plano astral.

14. Un sentido más profundo del conocimiento

No hay nada más poderoso que el conocimiento personal. Conocer algo es mucho más potente que creer. Comparado con las creencias, el conocimiento personal puede inspirar profundamente cambios en su vida. Una cosa es creer que los guías espirituales existen, y otra cosa es saber que existen. Hay una sensación de calma y confianza que viene con el conocimiento de algo en lugar de creerlo. Las EFC le dan un conocimiento verificable sobre la espiritualidad y la inmortalidad. Como resultado, la profunda sensación de saber que despierta se experimenta mejor que se explica.

15. Respuestas personales

Esta es una de las razones por las que mucha gente quiere aprender a tener una EFC. Usted, como esas personas, quiere respuestas a sus preguntas sobre la existencia. Todos los humanos tienen preguntas sobre su existencia: *¿Qué somos? ¿Cuál es nuestro propósito para existir? ¿Qué significado tiene la vida? ¿Continuará la vida existiendo tal como es?* Todas estas son preguntas que solo pueden ser respondidas a través de una experiencia personal fuera del cuerpo. La EFC es una poderosa forma de obtener respuestas a todas las preguntas que tiene sobre la vida y la existencia. No hay razón para que usted se conforme con creencias cuando puede obtener respuestas a las preguntas que tiene.

16. Libertad psicológica

Si ha estado luchando para romper con ciertos hábitos y rutinas mentales, las experiencias fuera del cuerpo pueden ayudarle a lograrlo. Solo el impacto de ser independiente de su cuerpo físico mientras se mantiene el control y la conciencia es suficiente para proporcionarle una visión más iluminada de su existencia actual. La expansión de su visión de la existencia puede ser instrumental para despertar niveles más profundos de comprensión y desarrollo personal.

Hay muchos más beneficios de la proyección astral. Aun así, estos se pueden experimentar directamente cuando explora el mundo de forma independiente fuera de su forma física. Oh, y si hay algún beneficio de la proyección astral que la mayoría de la gente prefiere, es el hecho de que usted puede proyectarse astralmente a la luna si así lo desea. Increíble, ¿verdad? Bueno, usted aprenderá todo acerca de cómo hacer eso a medida que avance en el libro.

Capítulo cinco: 8 cosas que debe saber antes de intentar una EFC

En caso de pensar que la proyección astral es algo con lo que usted podría jugar solo por diversión, piénselo de nuevo. Mucha gente asocia ciertos miedos con el concepto de viajar y explorar el plano astral, un lugar relativamente desconocido. Si usted también tiene estos miedos, entienda que sus miedos son válidos. Por eso debe saber qué esperar cuando visite el plano astral. Este capítulo tiene como objetivo ayudarle a entender el peligro potencial que puede enfrentar en el plano astral. Aunque a la gente le gusta connotar el miedo como una emoción negativa, existe una razón para protegerlos. Por lo tanto, no hay nada malo en tener temores específicos como principiante que viaja al plano astral por primera vez.

En primer lugar, debe entender que hay personas que han perfeccionado el arte de la proyección astral y el viaje astral. Estas personas pueden literalmente viajar astralmente mientras están acostados en su sofá o usando el baño. Han dominado la habilidad hasta el punto de que no tienen que tener miedo de ver los planos astrales. Sin embargo, usted aún no está en ese nivel, aunque podría estarlo con la práctica regular. El punto es que no debe pensar que es completamente inmune e irse sin estar preparado. Cualquier cosa puede suceder en el plano astral; de ahí la necesidad de saber qué esperar. A continuación hay diez cosas que usted necesita saber acerca de la proyección astral y el plano astral antes de intentar una experiencia fuera del cuerpo.

1. La proyección astral puede ser peligrosa

Si se pregunta si la proyección astral puede ser peligrosa, la respuesta es sí. Tenga en cuenta que la palabra clave es "puede", lo que significa que tiene el potencial de ser peligroso. Varios seres y entidades visitan el plano astral. No todos ellos están allí para guiarle o ayudarle; algunos le drenarán de su energía áurica y le causarán daño. Aunque esto no suele ocurrir, no se puede descartar la posibilidad. Pero si sabe cómo protegerse con su vibración, no le pasará nada. No puede alejar totalmente el miedo cuando visite el plano astral por primera vez, pero puede mantenerlo a raya para no eclipsar el tono brillante de sus colores áuricos. Cualquiera con grandes habilidades de autodefensa psíquica y la capacidad de mantener sus emociones a raya puede navegar con seguridad por el plano astral. La proyección astral es similar a viajar a otro país en un avión. Es normal sentir una sensación de miedo cuando se vuela en un avión por primera vez, pero usted puede mantener el miedo bajo control. Entienda que no pasará nada mientras siga los procedimientos de seguridad de los viajes aéreos. Es lo mismo con la proyección astral y los viajes astrales. Prepárese de la manera correcta, y tendrá fácilmente una experiencia astral segura, incluso como principiante.

2. El viaje astral es real

Algunas personas se interesan por los viajes astrales con una mentalidad de "comprobación de hechos". Solo quieren saber si el viaje astral es real o no. Las personas que intentan una experiencia fuera del cuerpo para comprobar si es real, por lo general no se preparan para el viaje de la manera correcta. Hacer algo así es como ponerse en peligro. No se moleste en intentar la EFC si solo está aburrido. Los principales medios de comunicación han considerado la proyección astral y el viaje astral como un engaño. Descartan ambos diciendo que el cuerpo astral no existe, o incluso si existe, no puede salir del reino físico. Aparentemente, esto desafía las leyes de la física. Los investigadores científicos creen que las experiencias astrales son producto de las alucinaciones de la mente, los sueños y los productos de algún recuerdo asentado en lo profundo de la mente subconsciente.

Sin embargo, muchas pruebas controladas han demostrado que la EFC es real y que el viaje astral es, de hecho, real. Las personas que han tenido experiencias fuera del cuerpo con éxito han explicado cómo se sentía y cómo se veía. Muchas personas no pueden alucinar las mismas cosas y tener experiencias tan similares en el reino astral. Así que, sí, el viaje astral es real, y funciona.

3. Cualquiera puede aprender el viaje astral

Por alguna razón, muchas personas creen que necesitan tener un cierto nivel espiritual antes de poder tener una EFC. Esto es incorrecto. Cualquiera puede visitar el plano astral y aprender a hacerlo regularmente. El objetivo de los viajes astrales es ayudar a descubrir la conexión entre el ser físico y la esencia espiritual. Por lo tanto, no importa si usted ya es una persona espiritual o si solo lo intenta por primera vez. Una cosa segura es que puede aprender las técnicas rápida o gradualmente, dependiendo de cuán comprometido esté. Eso es normal. Si se compromete, puede aprender a enviar su conciencia fuera de su forma física en solo quince días. Otras personas pueden pasar meses o incluso años antes de finalmente aprender a proyectar su conciencia fuera de sus cuerpos. Lo vital es tener la mentalidad adecuada para aprender la proyección astral. Incluso si no lo consigue al instante, siga creyendo que tendrá éxito. La duda existe para limitar a la gente a que desarrolle todo su potencial. Si deja que la duda le detenga, nunca descubrirá hasta dónde puede llegar. Con paciencia y práctica regular de la EFC, logrará su objetivo a tiempo.

4. La ubicación importa

Antes de intentar un viaje astral, asegúrese de que sea en un lugar donde se sienta seguro. No puede proyectar su conciencia astral fuera de su forma física a menos que pueda relajarse y concentrarse mentalmente. Para hacer esto, necesita estar en un lugar donde haya una sensación de seguridad y protección. Esto ayuda a su miedo a lo que puede pasarle a su cuerpo físico después de que se vaya. Si es la primera vez que realiza un viaje astral, lo mejor es hacerlo en un lugar como su dormitorio, donde pueda volver para encontrarse con su cuerpo físico descansando de forma segura. Si intenta proyectarse en un lugar donde sus sentimientos de miedo y peligro son mayores, no logrará nada. Recuerde que el viaje astral es tanto una experiencia espiritual como educativa. Lo hace para aprender sobre las cosas que no le enseñan en la universidad o en los libros de texto. Por lo tanto, hacerlo de la manera correcta es vital.

5. El viaje astral requiere un propósito

Para viajar por el plano astral, se necesita una razón, un propósito o una meta específica. ¿Qué espera lograr al realizar un viaje astral? Esta es una pregunta que debería ser capaz de responder sinceramente. Si no puede responder a esta pregunta, no se moleste en realizar el viaje astral. La mayoría de la gente dice que quiere hacer viajes astrales, pero no saben por qué quieren hacerlo. El viaje astral no es para hacer turismo; se trata de aprender, buscar respuestas, encontrar y experimentar. Todo en el plano astral ocurre por una razón más profunda. Se aprende algo con cada incidente en el plano astral. El objetivo del viaje astral es ayudarle a evolucionar y crecer dentro de sí mismo, alcanzando un estado de iluminación que es imposible de otra manera. En lo profundo de su mente, usted tiene una conciencia superior con conocimiento sobre la verdadera naturaleza de la existencia. Está más conectado con esta conciencia en la infancia, pero a medida que crece, pierde la conexión que tiene con ella. El viaje astral es la clave para conectar con la conciencia una vez más.

En algunos casos, el viaje astral se trata de la curación. Puede elegir el viaje astral para descubrir la naturaleza de una enfermedad que está combatiendo o como un medio para curarse a sí mismo. La conclusión es que nunca debe intentar el viaje astral a menos que tenga algo en mente que espere conseguir, ya sea aprender o curarse.

6. El viaje astral es diferente a las películas

Muchas películas han explorado los viajes astrales, pero no muchas de ellas tienen razón sobre la práctica real. En la película de superhéroes de Marvel, *Doctor Strange*, los protagonistas toman constantemente sus formas astrales para luchar contra el crimen y sus perpetradores. En algunas películas, el protagonista termina perdiéndose en el plano astral y nunca puede volver a su cuerpo. Estas son cosas que solo suceden en las películas y nunca en la práctica de la proyección astral. En el plano astral, el alma regresa automáticamente a su cuerpo cuando experimenta cualquier emoción abrumadora, como el miedo o la emoción. Automáticamente se despierta en su cuerpo. Es la forma en que su mente le protege, así que no importa si las emociones que experimenta son positivas. Si esa emoción es abrumadora, volverá a su forma física. Por lo tanto, es importante entrenarse para mantener sus emociones bajo control mientras viaja al astral. Tenga confianza en que nunca se perderá para siempre, como los protagonistas de las películas.

7. La meditación es la clave de la proyección astral

Si quieres una experiencia de viaje astral sin problemas como principiante, la meditación es el camino a seguir. No es que la meditación sea una necesidad, pero con seguridad ayuda. No hay mejor manera de tener una experiencia adecuada que meditar antes de la proyección astral. La proyección astral consciente es diferente del sueño lúcido o del viaje astral inconsciente en sus sueños. Ir conscientemente al plano astral significa experimentar algo que es real desde una percepción independiente. Su mente normalmente no puede lograr esto, porque muchas cosas la retienen. Meditar antes de la proyección o el viaje astral es la clave para liberar la mente de las cosas que la retienen. La meditación se deshace de todos los pensamientos limitantes e innecesarios. Cuando se medita para el viaje astral, la mente no se centra en nada más que en la experiencia que está a punto de tener. Es posible que no pueda captar esto en sus primeros intentos; a veces, necesita horas y semanas de meditación antes de poder lograr lo más básico en el viaje astral. La meditación también es clave para prolongar su estancia en el plano astral. Cuando usted va al plano astral en su forma astral, su mente permanece conectada a su cuerpo físico, lo que explica por qué usted puede retroceder cuando experimenta una oleada de emociones. Meditar antes de su proyección puede ayudar a su mente a permanecer tranquila y le permite permanecer relajado ante el peligro. Por lo tanto, la meditación puede ayudar a prolongar sus experiencias fuera del cuerpo.

8. Su forma astral puede hacer cualquier cosa que haga su forma física

Estar en forma astral no tiene ninguna limitación. No le impide hacer ciertas cosas. En su forma astral, puede incluso espiar a otros sin que le vean. A menos que vaya alrededor de personas clarividentes o altamente intuitivas, es probable que no le vean o sientan. Sin embargo, esto no hace que esté bien ir por ahí faltando al respeto a la privacidad de las personas. Sin embargo, puede ser difícil hacer cosas como espiar mientras está en la forma astral. El propósito de la proyección astral es iluminarle y educarle, y su cuerpo astral normalmente querrá mantenerse fiel a ese propósito.

Cuando está fuera de su cuerpo, el plano astral no es el único lugar al que puede ir. Puede elegir quedarse en el plano de la materia donde puede ver a sus seres queridos, volar a la casa de su mejor amigo, o tal vez solo pasar el rato en su calle. También puede subir a un plano superior donde puede encontrarse con sus guías espirituales o ángeles y charlar con ellos sobre la existencia, la realidad y cualquier cosa que amplíe su conciencia. Otros planos pueden no estar alineados con su frecuencia de vibración. Ir a estos planos es como ponerse en riesgo. No es recomendable que vayas allí sin un guía espiritual poderoso.

Si usted es mayor de 18 años, puede que le interese el capítulo que trata sobre el sexo en el reino astral. Sí, también puede hacerlo. Solo tenga cuidado con quien lo hace.

Ahora que sabe todo lo que necesita antes de intentar un viaje astral, es hora de prepararse para sus experiencias de proyección astral.

Capítulo seis: Preparación para la proyección astral

Viajar al plano astral puede ser difícil, pero no es imposible. Muchas personas se han dado por vencidas, después de varios intentos infructuosos, de tener una experiencia fuera del cuerpo. Uno de los problemas es que existen muy pocos recursos con los pasos detallados sobre lo que realmente se necesita hacer para prepararse para la proyección astral. Por consiguiente, la lucha y la dificultad. La única cosa que puede hacer que usted lo pase mal y que sus intentos de EFC no tengan éxito es un condicionamiento mental inadecuado. Si usted no prepara su mente adecuadamente para la experiencia, las posibilidades de éxito serán muy bajas. La mente subconsciente necesita ser condicionada para prepararla para tal experiencia. Más importante aún, tiene que deshacerse de los miedos, la ansiedad y cualquier otra cosa que pueda estar atascando su mente. Mientras se condiciona mentalmente para la experiencia, también debe tomarse el tiempo suficiente para practicar antes de finalmente hacer un intento real. Por supuesto, está bien si no lo hace bien en el primer intento o en el segundo o el tercero. La idea es seguir practicando hasta que el reino astral se abra a usted.

Lo más importante que debe hacer para prepararse para el viaje astral es superar cualquier miedo a la experiencia. Puede que tenga miedo de encontrar algún peligro en su viaje al plano astral, lo cual está bien. La clave es no dejar que ese miedo abrume su mente hasta un punto paralizante. Algunas personas pueden decirle que tiene que deshacerse completamente del miedo antes de que pueda viajar al plano astral, lo cual es imposible, especialmente si es su primera vez y tiene miedo de la experiencia. Es natural tener miedo. Sin embargo, no se asuste hasta el punto de quedar abrumado. Puede reducir fácilmente su miedo expandiendo sus conocimientos de la proyección astral y familiarizándose con ciertas cosas esenciales que deberían ser un conocimiento básico para cualquiera que espere proyectarse astralmente.

Mientras estudia y mejora su conocimiento, reserve algún tiempo diario para practicar afirmaciones positivas, visualización, hipnosis y otras técnicas de preparación.

Afirmaciones positivas

Las afirmaciones son herramientas poderosas y efectivas para condicionar o reacondicionar la mente. Deben ser una parte integral de sus actividades diarias cuando se prepara para la proyección astral. Las afirmaciones también pueden ayudarle a superar su miedo mucho más rápido. Algunas de las afirmaciones positivas que puede utilizar incluyen:

«No tengo miedo. El miedo no tiene poder sobre mí».

«Visitaré el plano astral».

«Mi conciencia dejará mi cuerpo para tomar mi forma astral».

«Tendré una experiencia fuera del cuerpo».

Cualquier frase que decida usar, asegúrese de mantenerla positiva y con un propósito. Tenga claro lo que hará, no lo que quiere hacer. Por ejemplo, no diga: «Quiero proyectarme en el astral». Diga, «Me proyectaré en el astral». El propósito de las afirmaciones positivas es reforzar su deseo y objetivo en su subconsciente. Cuanto más practique, más preparada estará su mente. Tome nota de no usar frases con connotaciones negativas, especialmente las que connotan miedo o ansiedad. Su mente no puede distinguir entre afirmaciones positivas y negativas; solo puede reforzar cualquier cosa que usted diga. Use afirmaciones positivas para la práctica diaria. No las use solo cuando esté tratando de proyectar. Deje que se convierta en un hábito. Úsalas antes y después de ir a la cama cada noche. Es cuando está más cerca de su estado subconsciente. Siga recordándose la razón de su proyección astral cada vez que practique.

Visualización

La visualización es otra forma de prepararse para el viaje astral. Sin embargo, la mayoría de la gente parece pasar por alto su importancia. Practicar la visualización para prepararse para el plano astral no debería ser una opción; debería ser una parte esencial de sus intentos, exitosos o no. Afortunadamente, la visualización es algo que se puede practicar varias veces al día, de diferentes maneras, y cuanto más se practique, mayores serán las posibilidades de éxito. Si usted es el tipo de persona que practica la meditación de la atención plena con regularidad, debería ser fácil para usted. La práctica de la visualización implica imaginar cosas. En su caso, puede ser imaginar estar volando o flotando, ya que esta es la sensación que suelen describir las personas que han tenido EFC. Así que imagine que está volando o flotando, añada tantos detalles como sea posible, ya que esto es muy importante.

Si está volando:

Elija la velocidad a la que va. ¿Vuela a la velocidad de un pájaro o de un avión? ¿Hacia dónde estás volando? Mientras está volando, ¿qué puede ver a su alrededor? ¿Es de día o de noche? ¿Hay pájaros volando con usted en el cielo? ¿Hay algún sonido u olor?

¿Siente el viento caliente o frío en su cara? ¿Está el aire soplando a través de su pelo? Si es así, ¿cómo se siente?

Estos son los detalles que debe poner en su imaginación. No sea vago cuando visualice; añada cada detalle menor o mayor que le venga a la mente. Sea lo que sea que elija, sumérjase completamente en la imaginación.

Otra forma de utilizar la visualización es imaginar que tiene sensaciones astrales. Cierre los ojos y visualícese tocándose, no imagine nada sexual, ya que esto puede afectar a sus técnicas de proyección.

- Imagine usar sus manos para frotar su brazo, hombro o rodilla en movimientos circulares. Lo hace muy suavemente.

- Si tiene que hacerlo, tóquese para que se sienta real. Enfóquese en la sensación de su mano contra su brazo o rodilla. Al mismo tiempo, concéntrese en cómo siente su rodilla contra su mano.

- Concéntrese en las sensaciones y use su mente para recrearlas. Puede que no lo consiga inmediatamente, pero lo hará siempre y cuando se mantenga concentrado. Cuanto más se concentre, más fácil y efectivo será.

También puede imaginarse lugares reales en los que nunca has estado antes. Puede ser el paisaje de su pantalla de Windows, un cuadro o el arte de su pared. Mírelo bien. Mire todos los detalles, incluso los más insignificantes. Observe los colores, las sombras, las texturas, todo. Memorice la foto o el cuadro. Luego, aléjese del objeto y trate de recordar todo lo que memorizó. Haga esto todos los días, y pronto podrá usar este método para lograr una proyección. Sin embargo, por ahora, tómelo como una técnica para condicionar su mente y prepararla para la proyección.

Hipnosis y sugerencias subliminales

La hipnosis es otra técnica increíblemente eficaz para condicionar la mente para la proyección astral y las experiencias fuera del cuerpo. No se sorprenda si la hipnosis termina siendo más efectiva para usted que todas las técnicas previamente discutidas. Esto se debe a que la hipnosis es una forma de entrar en lo profundo de su mente subconsciente y prepararla para la experiencia. Las afirmaciones positivas y la visualización son ambas formas de evitar que su mente deje que el miedo y cualquier otra emoción la abrumen. No quiere que el miedo y la duda paralicen su mente y le hagan fallar antes de que lo haya intentado. La hipnosis y la sugestión subliminal son más efectivas porque puede incluir algunos de los otros métodos cuando intenta la hipnosis. Sin embargo, necesita la presencia de un hipnoterapeuta entrenado si quiere usar este método.

Consejos para prepararse

Ahora, además de los métodos anteriores, debe hacer otra cosa para prepararse para el viaje astral. Si está tratando de iniciar una sesión de EFC e intentar una proyección, ¿cómo se prepara? A continuación hay cinco consejos que dan una idea de lo que hay que hacer antes de intentar una proyección.

1. *No molestar*

Así como no querría ser molestado cuando medita, no puede ser molestado durante la práctica de la proyección astral. Por lo tanto, encuentre una habitación tranquila donde pueda llevar a cabo su sesión sin ser molestado por su pareja, niños, mascotas o cualquier otra cosa. Si no lo hace, sus intentos pueden verse arruinados por estos. Por ejemplo, puede sentir que finalmente está haciendo lo correcto, y entonces una llamada entrará y arruinará el momento. Mantenga el teléfono móvil y los aparatos de comunicación lejos de la habitación que quiera usar para practicar. Si siente que no puede evitar completamente el ser molestado, es mejor practicar a una hora en la que todos los demás estén dormidos. Por ejemplo, puede practicar muy temprano por la mañana o por la noche cuando todos están en la cama. Su horario determinará la hora que elija. Solo asegúrese de que sea una hora en la que tenga su "tiempo personal".

2. *Póngase cómodo*

Relaje su mente. Póngase cómodo. Use algunos de los métodos anteriores para calmar su mente y prepararla. Puede elegir entre acostarse en su cama o en el sofá. Todo depende de usted. Solo asegúrese de que su postura sea la que le permitirá permanecer inmóvil durante el tiempo que sea necesario. Además, use algo ligero. Si quiere, puede decidir practicar desnudo. Si prefiere acostarse en la cama, mantenga una manta ligera a su alrededor o no, dependiendo del clima. Si quiere sentarse, es mejor usar una silla reclinable que le ayude a estar cómodo durante toda la sesión.

3. *No establezca límites de tiempo*

Ser consciente del tiempo puede arruinar su experiencia. En lugar de ver la proyección astral como algo que hay que hacer dentro de un cierto período, elimine los límites de tiempo. No piense en ello como una carrera porque no lo es. Sea libre. Tómese el tiempo que necesite. Poner un límite de tiempo es una de las cosas que puede inhibir su mente, como el miedo. Elimine la preocupación por el tiempo y ábrase a la experiencia.

4. *Elija el momento adecuado*

El tiempo es el factor decisivo para el éxito. Piense cuidadosamente en el momento adecuado para practicar. Aunque la noche puede parecer ideal —ya que todos los demás estarían dormidos— la fatiga y el estrés pueden suponer un problema, especialmente si se trabaja todo el día. La mañana es mejor para muchas personas; de hecho, practicar directamente después de dormir aumenta sus posibilidades de éxito por un amplio margen.

Los intentos nocturnos suelen ser más difíciles. Por lo tanto, es mejor hacer los intentos por la mañana.

5. *Sea*

Sí, solo sea. Una vez que consiga que su mente y tu cuerpo se relajen, simplemente quédese. No se preocupe por nada. Sea, y permita que su mente conciba las imágenes y todo lo demás que quiera hasta que se desvanezcan y se disipen. Eventualmente, su mente se calmará, y estará listo para proyectar. Antes de intentar la proyección, sin embargo, realice un ejercicio de meditación para ponerse en el estado mental adecuado.

Una vez que usted puede llevar a cabo con éxito la etapa de preparación, usted está un paso más cerca de tener una experiencia fuera del cuerpo y visitar el plano astral. Todo lo que necesita hacer ahora es tratar de proyectar.

Nota: Antes de intentar la proyección, asegúrese de que se ha equipado con consejos de protección astral. El plano astral es una dimensión desconocida; es diferente del plano físico. Se encontrará con cosas muy extrañas, pero eso no debe alarmarle. Lo correcto es protegerse antes de ir allí. Algunas de las mejores maneras de protegerse son llevar un amuleto protector o llamar a sus guías espirituales para que le protejan. Más sobre eso se discute más adelante.

Capítulo siete: 5 Técnicas básicas de proyección astral

Proyectarse en el plano astral no es lo mismo que quedarse dormido, aunque se puede lograr en estado de sueño. Dormir es fácil. Un día de trabajo puede servir como base para un buen y profundo sueño. Sin embargo, cuando se trata de viajar al astral, se necesita algo más que estar cansado. De hecho, el cansancio y la fatiga probablemente harán que su intento fracase en lugar de tener éxito. Para viajar en el astral, necesita impulsarse a un estado en el que su cuerpo esté dormido mientras su mente permanece despierta y alerta. Luego, necesita transitar su conciencia en un vehículo astral, también conocido como su cuerpo astral. Todo lo demás que sucede en la proyección o viaje astral solo es posible después de lograr lo anterior. Aunque algunas cosas básicas las separan, soñar es una forma de proyección astral, una forma inconsciente. El alma a veces deja el cuerpo cuando usted duerme. Pero no lo sabe, así que no puede controlar lo que hace cuando se va. En este caso, su subconsciente está a cargo. La diferencia clave entre dormir normalmente y la proyección astral es que usted está a cargo de su alma cuando se proyecta astralmente. En otras palabras, usted puede dictar conscientemente a dónde va su alma, y es consciente de la experiencia. La proyección astral consciente es lo que le beneficia. Entonces, ¿cuáles son algunas de las mejores técnicas que le ayudarán a lograr un viaje astral rápido?

Primero, debe saber que su éxito puede ser rápido. Puede aprender a proyectarse en el astral en solo quince días. Todo depende de usted. Sí, hay consejos y técnicas para ayudarle, pero, ¿cuán comprometido está dispuesto a estar? ¿Se toma en serio los viajes astrales? ¿Es capaz de calmar su mente y matar sus miedos sobre la experiencia? Todas estas son cosas que impactarán en su nivel de éxito. Si sigue los consejos de este libro desde lo más básico a lo más avanzado, comenzará a viajar astralmente con regularidad. Por lo tanto, depende de usted.

También debe saber que hay toneladas de técnicas que pueden ser usadas para impulsar su conciencia fuera de su cuerpo. Cada humano es único. Una técnica exitosa de EFC para alguien puede no funcionar para usted. Es por eso que hay más de cinco técnicas diferentes aquí para ayudarle. Si intenta una por un tiempo y no le ayuda, pase a la siguiente. Pruebe las técnicas hasta que encuentre una que le funcione perfectamente. En casos específicos, algunas personas solo tienen que probar una técnica por primera vez antes de descubrir que es la perfecta para ellos. Ciertas técnicas son superiores a otras, por lo que las técnicas que siguen son algunas de las mejores que funcionan para la mayoría de la gente.

Técnica de la cuerda

Si alguna vez ha intentado aprender sobre la proyección astral, puede que haya oído hablar de esta técnica ya que es bastante popular. La técnica de la cuerda es una de las técnicas de proyección astral más efectivas. Fue introducida por Robert Bruce y consiste en visualizar una cuerda imaginaria que cuelga del cielo, de su techo o de cualquier superficie sobre usted. Esta cuerda es la que se utiliza para impulsar el cuerpo astral desde lo físico, esto se hace presionando un único punto del cuerpo. Antes de comenzar a inducir la proyección astral, no olvide preparar su estado mental para la experiencia. Es mejor practicar esta técnica acostado.

- *Relaje su cuerpo y su mente.* Libere su mente de todas las preocupaciones y el estrés. Acuéstese en una postura cómoda. Intente tensar y liberar sus músculos durante unos segundos para liberarlos de cualquier tensión. Una vez que esté calmado y relajado, puede proceder.

- *Prepare su cuerpo para dormir.* Deje que su cuerpo se sienta entumecido y relájese lo más profundamente posible, pero no hasta el punto de perder la conciencia. No intente mantenerse despierto; deje que su cuerpo físico se duerma induciendo un estado de sueño. La forma más simple de hacerlo es acostarse en la cama o en el sofá, cerrar los ojos y dejar que los pensamientos se alejen. Cuando empieza a perder sensaciones físicas, significa que su cuerpo se está moviendo hacia el sueño.

- *Acuéstese.* No haga nada. Si cree que no hay mucho de esto, en parte tiene razón. Debería sentirse como si nada estuviera sucediendo. Solo quédese quieto y no mueva ninguna parte de du cuerpo. Para mejorar la sensación de estar casi dormido, concéntrese en la oscuridad delante de sus ojos cerrados; puede que experimente algunas cosas extrañas mientras está en este estado. No se preocupe, su campo de visión le dará una sensación de expansión. Puede parecer extraño, pero le gustará la sensación. También puede ser consciente de algunos sonidos y patrones de luz. Ignórelos ya que con el tiempo se desvanecerán. En este punto, debería empezar a sentir que está flotando o cayendo, sin sentir o percibir nada. Mantenga este estado y sentimiento.

- *Estado de vibración.* Este es un estado al que entrará una vez que haya inducido a su cuerpo a un estado de sueño. Aunque no se siente exactamente como vibraciones, es un efecto que usted experimentará. Se siente como estar sin peso y flotando. Al sobrecargar su fuerza de voluntad, puede aumentar la sensación y la sensibilidad, y también puede disminuir. Esta sensación no es algo que se pueda describir con precisión. Espere hasta que la experimente.

Alcanzar el estado de vibración es un hito. Si puede alcanzarlo en su primer intento, debe saber que está haciendo algo bien ya que no mucha gente puede alcanzar este estado. Tenga en cuenta que debe mantener el estado de vibración por un tiempo antes de seguir adelante.

Este estado es un buen momento para explorar en lo profundo de su mente y tal vez incluso utilizar un método de visualización para informarse y tener una profunda introspección.

- *Imagine la cuerda.* Visualice una cuerda colgando de la superficie sobre usted, con la punta colgando a unos pocos centímetros de su cara. Concéntrese en esta etapa y ponga tantos detalles como sea posible. Visualice la textura, el peso y el movimiento de la cuerda. ¿Se siente áspera o suave? ¿Ligera o pesada? ¿Está quieta o se balancea con la brisa?

- *Toque la cuerda.* Cuando haya imaginado con éxito la cuerda y la vea claramente, imagínese extendiendo los brazos y agarrándola. Si es su primera vez, simplemente agarre la cuerda, no haga nada más. Debería ser capaz de sentir la aspereza o suavidad de la cuerda en su mano visualizada. Luego, intente con la segunda mano. Al hacer esto, está intentando separar su extremidad de su forma física.

Ahora, visualice su segunda mano alcanzando para agarrar la cuerda muy fuerte. Permanezca en esa posición durante unos segundos. Luego, use su fuerza de voluntad y visualice, tirando de su cuerpo hacia arriba y fuera de su cuerpo físico. Esto puede sonar difícil, pero lo encontrará fácil cuando empiece la práctica real.

Si logra sacar su astral de su forma física, eso es todo. Una vez que esté fuera de su cuerpo, puede empezar a flotar para obtener la experiencia completa. Si se queda dormido mientras practica, no se castigue por ello, simplemente inténtelo de nuevo al día siguiente.

No deje que su primera experiencia fallida le haga sentir como un fracaso.

EFC de sueños lúcidos

Esta técnica implica la transición de un sueño lúcido a una experiencia fuera del cuerpo. Como usted ya sabe, el sueño lúcido es el tipo de sueño en el que sueña mientras permanece totalmente consciente y alerta de la experiencia, y también permanece al mando de su sueño. El sueño lúcido y la proyección astral son dos cosas diferentes, pero el sueño lúcido puede ser utilizado como un apoyo para lograr la proyección astral. Para aprender a pasar del sueño lúcido a la proyección astral, primero debe saber cómo lograr un estado lúcido mientras sueña. Cuando se entra en un estado de sueño lúcido, la conciencia deja el cuerpo en un lugar concebido por la mente subconsciente. Ahora lo que tiene que hacer es inducir un estado de sueño lúcido y luego transferir su conciencia de ese lugar imaginario a su dormitorio.

• *Piense en las EFC.* Lea sobre las EFC. Deje que la idea de tener una experiencia fuera del cuerpo permanezca en su mente todo el día. El objetivo aquí es llenar su mente con pensamientos de EFC. Esta técnica se practica mejor por la noche, así que piense en las EFC durante el día.

• *Utilice afirmaciones positivas para activar su mente de manera que pueda inducir un estado de sueño lúcido.* Durante el día, diga cosas como: «Voy a tener un sueño lúcido y la transición al plano astral». Siga recordándose esto todo el día. Y, lo más importante, recuerde ocasionalmente preguntarse: «¿Estoy soñando ahora mismo?». Dentro de unos días, habrá reacondicionado con éxito su mente para inducir un estado de sueño lúcido mientras duerme. El siguiente paso es esperar.

• *Sueño post-lúcido.* Cuando finalmente tenga un sueño lúcido y sea consciente de ello, inmediatamente imagine estar soñando y no en su cuerpo. Intente esto, y debería sentir que su conciencia se libera y se independiza de su forma física. Otra cosa que debe tener en cuenta es que el sueño lúcido tendrá lugar en cualquier tierra de sueños que su subconsciente recree. Por lo tanto, use su fuerza de voluntad y desee estar en su dormitorio.

Tan pronto como lo haga, debería encontrarse flotando en su dormitorio, con su cuerpo físico descansando en la cama.

Así de simple, ha logrado su objetivo de proyección astral. Antes de usar este método, asegúrese de practicar primero el sueño lúcido ordinario. Una vez que comience a inducir un estado de sueño lúcido sin ningún problema, puede proceder a la proyección astral y al viaje astral.

Técnica de la conciencia desplazada

El objetivo de esta técnica es desplazar el sentido de la conciencia y la dirección para que usted termine en el plano astral. Para usar esta técnica, tiene que entrar en un estado de trance y usar la visualización para desplazarse. Muchas personas encuentran esta técnica increíblemente fácil de ejecutar, y los intentos son casi siempre exitosos.

• *Cierre los ojos.* Entre en un estado de trance como el descrito en la primera técnica, relajase hasta que su cuerpo esté lo más quieto posible. Entonces, visualice la habitación en la que se realiza la sesión. Intente absorber la sensación de toda la habitación de una sola vez proyectándola en su conciencia. Esto significa que literalmente debería ser capaz de ver la habitación exactamente como está en su mente.

• *Sea tan pasivo como sea posible acerca de la experiencia.* Imagine la sensación de que estás viendo toda la habitación por encima de sus hombros.

- *Visualice su cuerpo astral.* Imagínese girando lenta y suavemente a 180 grados. Una vez que termine la rotación en su mente, su cabeza astral debe estar posicionada donde tiene sus pies físicos, y sus pies astrales deben estar donde tiene su cabeza física. Esto significa que sus cuerpos astral y físico deben estar directamente opuestos el uno al otro. Con esta imagen en su cabeza, trate de imaginar su habitación en esta nueva dirección. La idea aquí es hacer que su mente subconsciente olvide dónde está realmente y desplace su sentido de la dirección. Si hace esto de la manera correcta, tendrá una repentina sensación de mareo. No se asuste ya que esto es normal. Permanezca en ese estado durante unos minutos hasta que se sienta cómodo.

- *Flotando.* Una vez que se sienta cómodo en ese estado, la siguiente etapa es visualizarse flotando hacia la superficie encima de usted, es decir, su techo o tejado. Deje que esto se sienta tan real como sea posible. No se sorprenda al encontrar que su forma astral de repente sale de su forma física.

Por simple que parezca esta técnica, es más fácil dormirse mientras se practica. Debe practicar esta técnica después de despertar del sueño ya que su mente y cuerpo estarán naturalmente descansados y relajados después de un buen sueño. Tenga en cuenta que no tiene que hacerlo bien en su primer intento. Esta técnica necesita tiempo para perfeccionarse. Por lo tanto, haga de la práctica una cosa continua y sea paciente. Se sorprenderá de los resultados cuando finalmente perfeccione esta técnica.

Viéndose a sí mismo dormir

Esta técnica es similar a la segunda técnica. Necesita inducir un estado de trance para que su cuerpo físico impulse su forma astral desde él. Empiece esta técnica por la mañana cuando aún esté somnoliento, y su cuerpo podrá volver a dormirse fácilmente. Esta es la clave para alcanzar el nivel de relajación y conciencia que necesita para llevar a cabo esta técnica.

• *Acuéstese en su sofá, cama o cualquier superficie plana que sea cómoda para practicar.* Relaje sus músculos aflojando la tensión y los nudos que siente en ellos. Cierre los ojos. Intente liberar su mente de pensamientos que le distraigan enfocándose en la sensación de su cuerpo. No abandone esta etapa hasta que haya alcanzado un estado completo de relajación de la mente y el cuerpo.

• *Ayúdese a entrar en un estado de hipnosis.* El estado hipnótico se conoce como el estado hipnagógico. Atraiga a su cuerpo a dormir sin permitirse perder la conciencia. La hipnosis es como estar al borde del puente entre la vigilia y el sueño. Hasta que no se alcance este estado, la proyección astral no será posible.

• *Entre en un estado hipnótico.* Para ello, cierre los ojos con firmeza pero sin forzarlos ni ejercer presión sobre los músculos oculares. Permita que su mente se concentre en cualquier parte específica de su cuerpo, como su pie o su dedo. Concéntrese en la parte del cuerpo hasta que empiece a tomar forma en su mente incluso cuando sus ojos estén cerrados. Mantenga su enfoque en ella hasta que todos los demás pensamientos se desvíen. Usando la mente, mueva el dedo suavemente, no lo mueva físicamente. Visualice el dedo moviéndose o doblándose hasta que pueda sentir que está sucediendo físicamente.

• *Mueva el enfoque a otras partes de su cuerpo.* Esto incluye la cabeza, las piernas, los brazos y las manos. Mueva cada parte usando su mente. Manténgase firme hasta que pueda mover mentalmente todo su cuerpo.

• *Entre en el estado de vibración como se describe en la primera técnica.* Las sensaciones de vibración pueden venir en ondas o suavemente. Normalmente llegan cuando su alma está a punto de salir de su cuerpo físico hacia la forma astral. Controle cualquier sensación de miedo para evitar interrumpir su estado meditativo. Piérdase a las vibraciones.

• *Usando su mente, impulse su conciencia desde su cuerpo.* Visualice la habitación en la que está. Hágase a la idea de ponerse de pie con su mente. Mire a su alrededor y bájese de la cama. Luego, camine alrededor de su habitación y vea su forma física.

• *El estado astral.* Si siente la sensación de mirar a su propio cuerpo desde otra perspectiva, ha entrado con éxito en el estado astral, y su conciencia es ahora independiente de su cuerpo. Esta etapa requiere, comprensiblemente, toneladas de práctica para algunas personas. Si usted es uno de ellos, siga practicando. Si mover todo el cuerpo parece demasiado difícil, pruebe primero con una pierna o una mano. Luego, gradualmente aumente hasta llegar a todo el cuerpo.

Si tiene una aguda capacidad intuitiva, el estado de vibración puede llegar tan fácilmente como la respiración. Sin embargo, incluso si no lo hace, todavía llegará si sigue practicando. Una vez que su forma astral está en modo de viaje, puede flotar hasta el reino astral.

La técnica de Monroe

El Dr. Monroe es uno de los pioneros de la proyección astral en los medios de comunicación. Probablemente ha oído hablar de la técnica de Monroe si ya ha incursionado en la proyección astral y las EFC. Su técnica es increíblemente simple y directa, similar a la técnica de la cuerda con solo unas pocas diferencias. Es más que probable que la técnica de Monroe le ayude a alcanzar un estado astral si tiene los consejos adecuados. A continuación se presentan siete pasos sencillos para seguirla de forma efectiva.

1. *Relajarse.* Esto es necesario para todas las técnicas ya que induce una experiencia fuera del cuerpo. Relaje su cuerpo y su mente con cualquier técnica de relajación discutida hasta ahora.

2. *Después de entrar en un estado de relajación, proceda a inducir un estado hipnagógico.* Atraiga su sueño sin dejar que su conciencia se duerma. Puede usar el método de la técnica anterior para inducir un estado hipnagógico.

3. *Cuando sienta que está llegando al estado de casi-sueño, profundice para alcanzar las condiciones.* La condición A es cuando finalmente se encuentra en un estado de casi-sueño. De la condición A, pase a la condición B, un estado de relajación más profundo en el que note los patrones de luz y sonido. De la condición B, pase a la condición C, un estado aún más profundo que el B. Cuando llegue a la condición C, habrá perdido completamente la conciencia de toda la estimulación sensorial de su cuerpo físico. Pero su mente estará ahí para servir como su única estimulación. Ahora está en un estado de vacío. Antes de proyectarse, debe asegurarse de alcanzar la condición D.

4. *Después de alcanzar la condición D, tiene que entrar en un estado vibratorio.* Este es el estado justo antes de proyectar su alma fuera de su cuerpo físico.

5. *Controle su estado vibratorio visualizando ondas de vibraciones en cada parte de su cuerpo.* La mejor manera de hacerlo es centrarse en las sensaciones de hormigueo causadas por el estado vibratorio y extender la sensación de una parte de su cuerpo a la siguiente. Para iniciar la proyección con éxito, debe hacerse cargo por completo del estado vibratorio.

6. *Intente una separación parcial de su cuerpo.* Enfoque sus pensamientos en separarse de su cuerpo. Asegúrese de no perder el rastro de sus pensamientos, ya que esto podría hacerle perder el estado vibratorio. Suavemente impulse una parte de su forma astral desde su cuerpo —puede elegir un pie o su mano. Extiéndala desde su cuerpo físico e intente tocar algo cercano a usted. Permita que su mano o su pie atraviese el objeto que toca y luego retraiga el objeto a su forma física. Si lo hace con éxito, puede progresar a una proyección completa.

7. *Ahora puede separarse completamente de su cuerpo físico.* Hay dos maneras de hacerlo, de acuerdo con esta técnica. En primer lugar, imagine que se está volviendo más ligero y que está flotando hacia arriba. Permanezca enfocado, y sentirá que su conciencia sale de su cuerpo. O, puede usar la técnica de rotación que implica rodar, de la misma manera que lo hace cuando se levantas de la cama. Tenga cuidado de no mover su cuerpo físicamente. Antes de que se dé cuenta, se encontrará acostado separado de su cuerpo físico. Ahora, todo lo que necesita hacer es imaginarse flotando hacia arriba mientras miras hacia abajo a su cuerpo físico.

Intente todo eso, y tendrá una proyección astral exitosa en la última etapa.

La técnica de la sed de Muldoon

Esta técnica no se recomienda generalmente para los principiantes, porque es algo desagradable. Sin embargo, es tan efectiva como cualquier otra técnica de esta lista. La técnica de la sed de Muldoon consiste en no beber agua durante el día y luego usar la sed como una sensación de conducción para inducir una experiencia fuera del cuerpo. Ve un vaso de agua y se imagina bebiéndola. Hace esto cada pocas horas durante todo el día. Luego, antes de dormir, coloca un vaso o taza a pocos metros de su cama y lame una pizca de sal. En este punto, debería tener mucha sed, pero aun así no la bebe. Solo acuéstese en la cama y siga visualizándose alcanzando el vaso de agua o caminando hacia el agua y bebiéndola. Con suerte, su forma astral eventualmente saldrá de su cuerpo para tomar el vaso de agua y beberlo. Entonces puede aprovechar esa oportunidad para explorar el plano material o ir más arriba en el plano astral.

Otras técnicas básicas de proyección astral

Hay otras técnicas de proyección astral que se puede utilizar para lograr un estado fuera del cuerpo. Incluyen:

• *La técnica de salto.* Esta es una técnica de proyección astral muy simple que implica darse un chequeo de la realidad. Básicamente, se pregunta si está soñando. Pregunte en serio y sinceramente, espere una respuesta, y luego salte. En un estado de vigilia, simplemente se levantará y aterrizará. Sin embargo, en un estado de sueño, sentirá que su estado astral despega y vuela cuando salta.

• *La técnica de estiramiento.* Acuéstese. Relájese. Imagine que sus pies se estiran y expanden hasta que se alargan uno o más centímetros. Una vez que pueda mantener esta imagen firmemente en su mente, vuelva sus pies a su tamaño normal. Repita este proceso con su cabeza. Vaya de un lado a otro entre sus pies y su cabeza, estirándolos más en cada intento. Cuando se estire más allá de dos pies, intente hacer ambas cosas a la vez. Pronto, tendrá sensaciones de mareo y sentirá vibraciones. Entonces, puede flotar desde su habitación.

• *La técnica de la hamaca.* Visualícese sentado en una hamaca de colores brillantes entre dos o más palmeras en una playa donde está solo. Sienta la brisa en su cara y visualice el viento que le balancea. Mantenga esta imagen en su cabeza hasta que sienta que se balancea fuera de su cuerpo inmóvil. Por último, salga de su cuerpo al sitio y flote hacia arriba para comenzar su exploración.

Independientemente de la técnica de proyección astral que use, las posibilidades de tener éxito en su primer intento son muy bajas. Puede intentarlo durante varias semanas antes de que finalmente empiece a ver un resultado tangible. Incluso si no puede proyectar inmediatamente, debe saber que cada paso que da es una victoria para usted. Si alcanza el estado hipnagógico en su primer intento, eso cuenta como un logro masivo, y debe tratarlo como tal. En su siguiente intento, si entra en el estado vibratorio con éxito, eso también cuenta. Demuestra que está haciendo algo bien, y estará proyectado astralmente en poco tiempo. Tómese su tiempo y manténgase relajado en todo momento. No haga que se sienta como una carrera o algo que necesita lograr dentro de un marco de tiempo específico.

Lo bueno de la proyección astral es que su sentido de la conciencia se expande con cada intento, sin importar los intentos fallidos o exitosos. Cada sesión de práctica es una oportunidad para mejorar su sentido de conciencia y fortalecer su campo áurico.

Capítulo ocho: Técnicas avanzadas de EFC

Las técnicas avanzadas de EFC son diversas técnicas que utilizan habilidades como la visualización, las afirmaciones, la hipnosis, la transición de los sueños y el sonido. Las técnicas requieren de estas habilidades para que pueda encontrar una que realmente se adapte a usted. Si tiene malas habilidades de visualización, puede usar las técnicas de afirmación o transición de sueños. Sin embargo, las técnicas de visualización son algunas de las técnicas de EFC más populares. Como puede ver, la mayoría de las técnicas básicas de EFC se basan en la visualización. Después de elegir una técnica específica, siga practicando con ella durante al menos treinta días. Los resultados que consiga dependerán de su compromiso y del esfuerzo que ponga en práctica. Tenga en cuenta que la mejor manera de utilizar cualquiera de estas técnicas es asumir un comportamiento lúdico y alegre. No se sienta como si estuviera a punto de hacer algo severo. Libere su mente para que pueda divertirse y disfrutar de cualquier resultado que obtenga.

Técnica de focalización

Esta es una técnica de visualización que involucra uno o más de sus cinco sentidos. La técnica de focalización implica centrar la atención en un objeto fuera de su cuerpo físico y utilizarlo para adormecerle en el estado hipnagógico. Puedes elegir un lugar, objeto o persona en la que enfocarse siempre y cuando no sea una parte de usted. El objeto o la persona que elija tiene que estar a cierta distancia. Podría ser su restaurante favorito o su ex pareja. También puede ser un objeto que tenga un significado especial para usted. Sea lo que sea, debe ser un objeto físico y tangible, algo en lo que pueda poner sus ojos. No puede usar un lugar o persona imaginaria para esta técnica. Elija un objeto o un lugar con el que se sienta más cercano. Mucha gente encuentra que visualizar a un ser querido, del que están separados, es efectivo. No elija a alguien con quien nunca haya tenido una conexión emocional, como un enamoramiento de una celebridad.

Visualícese a sí mismo y a esta persona juntos. Respire en su presencia y permítase sentirse absorbido hasta el punto de sentir que están realmente juntos. Si lo desea, puede iniciar alguna forma de interacción para mantenerse en su presencia. Mantenga la creación visual en su mente tanto tiempo como sea posible mientras deja que su cuerpo se relaje y empiece a dormirse. Es esencial añadir tantos detalles como sea posible a su visualización, incluyendo la interacción que está teniendo con esta persona. Mientras su cuerpo físico se duerme, su mente debe permanecer alerta y despierta. Este método es excelente para la práctica de la visualización a la hora de dormir, ya que acelera su transición al estado hipnagógico. Recuerde, cuanto más involucrado esté con su objetivo, mejor funcionará este método. Por lo tanto, deje que su imaginación se desborde si eso es lo que ayuda. Mantener la atención y la conciencia usando esta técnica se mejora enormemente cuando se dirige la atención completamente a un objeto elegido o a un lugar que está cerca.

Este ejercicio es uno que funciona eficazmente para desarrollar esta habilidad.

● Elija tres objetivos en su casa. Los tres objetivos deben ser objetos tangibles que pueda imaginar fácilmente. Los tres deben estar en otra parte de su casa, lejos de la habitación donde practica esta técnica extracorporal. Por ejemplo, el primer objetivo podría ser su sofá favorito. El segundo objetivo podría ser su vestido de graduación. El tercer objetivo podría ser visualmente estimulante, como el jarrón que obtuvo de sus vacaciones en Japón. Asegúrese de que estos tres objetivos estén todos en una habitación.

● Después de elegir sus objetivos, camine a la habitación donde tiene los objetivos en su cuerpo físico. Examine cada uno y tome cada detalle con meticulosa facilidad. Estúdielos uno por uno desde diferentes puntos de vista. Note si hay alguna irregularidad o imperfección. Tómese su tiempo para asimilar el aspecto y la sensación asociados a cada objetivo.

● Sintonice sus cinco sentidos mientras camina hacia cada objeto para examinarlo a fondo, pero céntrese más en la vista y el tacto. ¿Cómo se siente y se ve cada objeto? Camine a la habitación varias veces hasta que pueda recordar los detalles más básicos de cada objeto, incluyendo el peso, las texturas, los colores y las densidades. Además, tome nota de las sensaciones que acompañan su paseo de un objeto a otro.

Esta técnica tiene como objetivo ayudarle a mantener la conciencia mientras mantiene el enfoque lejos de su cuerpo físico. A medida que se concentre completamente en los objetivos, su cuerpo físico comenzará a dormirse. Si persiste, obtendrá resultados dramáticos. Para aumentar las sensaciones de este método, use un mes entero solo para repetir el recorrido visual y físico. Solo necesita treinta minutos para cada práctica. Asegúrese de seleccionar objetivos que pueda visualizar fácilmente cuando llegue el momento. Esta técnica le llevará al estado hipnagógico más rápido que algunas de las otras técnicas. Es muy útil. Una vez que entre en el estado hipnagógico, siga los otros pasos del capítulo siete.

Técnica de frecuencia de sonido

Los chamanes tibetanos llevan años utilizando sonidos para inducir experiencias fuera del cuerpo. Usan cantos, campanas y campanillas para aumentar su estado meditativo. Se ha demostrado que los sonidos repetitivos pueden ser útiles para mejorar la concentración y la conciencia en los seres humanos. Esta técnica de frecuencia de sonido es un método que ha sido utilizado por los monjes durante siglos. Es una técnica clásica y bastante sencilla.

● Inspire y espire muy profundamente y permita que su cuerpo se relaje completamente. Póngase cómodo en el lugar elegido para la EFC. Cierre los ojos y concéntrese justo encima de su chakra de la coronilla. Enfoque toda su conciencia allí hasta que empiece a perder sensaciones en su cuerpo.

● A medida que sus sensaciones se desvanecen de su cuerpo físico, entone suavemente el *OM* siete veces. Asegúrese de que el sonido resuene a través de la parte superior de su cabeza.

● Vuelva a entonar el sonido *OM* siete veces. Preste atención a la resonancia del sonido en su mente; permita que vaya a la coronilla de su cabeza.

● Concéntrese en el punto mismo de los sonidos resonantes y permita que el sonido se desplace gradualmente a través del techo, ascendiendo a la superficie superior. Sienta que su conciencia se entrelaza con el sonido para convertirse en uno. Conviértase en parte del sonido y deje que se convierta en parte de usted. A medida que su cuerpo se relaja y cae en un estado de sueño, únase al sonido ascendente.

- Sienta su conciencia elevarse con el sonido. Disfrute del sonido y deje que fluya a través de usted, como si fuera uno. Permita que su cuerpo se relaje y duerma mientras su mente se concentra en el sonido *OM*. No desvíe la atención del sonido hasta que su cuerpo físico se duerma y sienta que el plano astral se abre ante usted.

Esta técnica fuera del cuerpo funciona más eficazmente cuando se combina con una cinta de sonido de inducción de EFC.

Técnica de conexión del Yo Superior

El objetivo final de las EFC y los viajes astrales es ayudarle a acercarse a su esencia espiritual, a su yo superior. Solo cuando se alinea con su ser superior se llega a un estado de iluminación y conciencia final. Cuando usted está conectado con su ser superior, entrar en el plano astral para una experiencia fuera del cuerpo se hace mucho más cómodo. Los siguientes pasos le ayudarán a ponerse en contacto con su ser superior.

- *Siéntese cómodamente y cierre los ojos.* Enfocándose en la sensación y el ritmo de su respiración, permita que todos sus pensamientos se disipen lentamente. Siga concentrándose en su respiración hasta que todos sus pensamientos sobre hoy desaparezcan.

- *Haga una petición sincera a su corazón para que le conceda un símbolo visual de su ser superior.* Abra su mente a todas las impresiones que vengan. No emita juicios; solo concéntrese.

- *En el ojo de su mente, visualice que su yo superior viene de lejos hacia usted.* Esto puede aparecer de cualquier manera que tenga un significado significativo para usted. Ahora, el símbolo de su ser superior está frente a usted. Puede sentir su resplandor radiante de luces y la energía reverberante de su alrededor. Tómese el mayor tiempo posible para visualizar, abrirse y estar con su yo superior.

• Imagínese claramente fusionándose con el símbolo espiritual para convertirse en uno. Ríndase a su energía y luz porque nada debe restringir su conexión con el yo superior. Reconozca que no existe separación entre su yo consciente y el yo superior.

• Deje que sus pensamientos se desvíen y se fusionen con su intención de encarnar su yo superior. Permita que todos los cambios internos ocurran mientras su conciencia se fusiona para convertirse en uno con su poderoso yo superior.

Una conexión establecida con el yo superior hace que la proyección astral sea mucho más fácil. Además, la práctica regular de la EFC puede ayudar a fortalecer esta conexión una vez establecida.

La Técnica del Espejo

Esta es otra técnica de visualización para inducir una experiencia fuera del cuerpo. Puede aumentar significativamente sus habilidades de visualización y prepararle para la exploración del plano astral.

• Coloque un espejo de cuerpo entero en su sala de práctica de la EFC. El espejo debe estar en un lugar que le permita ver su reflejo total sin mover físicamente su cuerpo.

• Mire en el espejo y estudie su imagen. Examine y reflexione sobre la imagen que tiene delante y empiece a memorizarla. Intente ser lo más objetivo y distante posible. Piense en su reflejo como un objeto que quiere pintar en su cabeza. Tome en cuenta hasta los más pequeños detalles. Preste atención al ajuste de su ropa y su cuerpo. Tómese el tiempo que necesite para memorizar cada característica que vea.

• Ahora, cierre los ojos y empiece a visualizarse en tantos detalles como pueda recordar. Repita este proceso hasta que pueda visualizarse mentalmente en el lado opuesto de su habitación.

- Mantenga los ojos cerrados y visualícese de pie en el otro lado de su habitación. Luego, comience a imaginar la imagen visualizada de usted mismo moviéndose de una parte de la habitación a otra.

- A continuación, visualice su yo imaginario moviendo lentamente sus dedos y manos, antes de mover lentamente todo su brazo. Visualice su reflejo moviendo sus pies y piernas. En la medida de lo posible, permítase involucrarse emocional y mentalmente en las acciones de su reflejo.

- Observe como empieza a experimentar las sensaciones de estos movimientos. Disfrute mientras siente las sensaciones sin su cuerpo físico. Sumérjase en los movimientos, y las sensaciones que están produciendo.

- A medida que se sumerge, visualícese, levántese lentamente y camine por la habitación. A medida que camina, preste atención a las sensaciones que acompañan a sus movimientos.

- Siéntase abriendo sus ojos imaginarios desde el reflejo. Con toda la claridad que usted pueda obtener, imagínese su reflejo mirando alrededor de la habitación. Esto debería sentirse como si estuviese viendo la habitación desde una nueva perspectiva, y eso está bien. Solo siga la corriente. Cuanto más se practique esta técnica, más fuerte será la capacidad de ver el mundo desde más allá de los límites de la forma física.

- Uno por uno, comience a transferir sus sentidos, de la vista al tacto, a la imagen que camina por su habitación. A medida que la mayoría de sus habilidades de percepción se mueven hacia el yo imaginario, usted pierde toda conciencia de su cuerpo físico. Enfóquese completamente en su yo imaginario con las nuevas sensaciones y la vista.

- Relájese y permita que su cuerpo físico se duerma. A medida que su cuerpo se duerme gradualmente, usted sentirá un cambio de su conciencia desde su cuerpo físico al astral. Asegúrese de mantener la calma mientras esto sucede.

La técnica del espejo se basa completamente en la visualización. Sigue siendo una de las técnicas más rápidas para inducir una experiencia fuera del cuerpo. Es fácil de aprender y aún más cómoda de practicar. Con consistencia y esfuerzo, la técnica del espejo le ayudará a aprender la proyección astral. Pero lo más importante es que puede mejorar significativamente sus habilidades de visualización para otros propósitos con la técnica del espejo para experiencias fuera del cuerpo. Asegúrese de disfrutar de todo esto mientras practica.

Técnica REM

Se llama la técnica REM porque solo se puede hacer por la mañana temprano después de que hayan pasado dos sesiones REM. Cuando está dormido, cada 90 o 100 minutos, usted entra en una sesión de sueño conocida como el Movimiento Ocular Aleatorio o REM. Durante este período, el movimiento ocular es la prueba física de que usted está entrando en un sueño o en cualquier otro estado en el que la consciencia está alterada. La ciencia aún no ha establecido una conexión entre las experiencias fuera del cuerpo y el REM. Aun así, no hay duda de que ambas están vinculadas de alguna manera. La técnica REM requiere un alto nivel de autodisciplina, pero es bastante útil y segura.

• Ponga su alarma para dormir por tres horas. Una vez que suene y se despierte, vaya a su sala de práctica habitual de EFC.

• Póngase cómodo y utilice cualquiera de las técnicas de proyección astral que se han discutido hasta ahora. Empiece a repetir sus afirmaciones verbalmente y luego dígaselas en silencio a usted mismo.

• A medida que su cuerpo se relaja en este estado, concéntrese completamente en las afirmaciones y aleje su mente de su cuerpo físico. A medida que entra en el estado hipnagógico, trate de aumentar el impacto de sus afirmaciones en su psique. Aumente la intensidad de las afirmaciones. Haga que la última sea firme, personal y clara, lo que debería desencadenar una experiencia fuera del cuerpo al instante. Su último pensamiento antes de que su cuerpo se duerma completamente debería ser su afirmación fuera del cuerpo.

No olvide enfocar toda su conciencia en las afirmaciones. La intensidad de las afirmaciones y el nivel de compromiso que siente hacia ellas también son muy importantes. Este método funciona para muchas personas y generalmente es suficiente. Si usted lo hace bien, inducirá una experiencia fuera del cuerpo inmediatamente después de que su cuerpo se duerma.

Estas son algunas de las técnicas avanzadas de proyección astral. Por lo general son fáciles de seguir; sin embargo, es posible que tenga que afinar sus habilidades de visualización antes de intentar algunas de ellas. Sin embargo, es útil comenzar con las técnicas básicas. Las técnicas básicas de proyección astral son sencillas, y no requieren realmente que tenga habilidades de visualización poderosas. Al final, es su decisión. Si le gustan los desafíos, siéntase libre de ir por los más difíciles, como la técnica de focalización.

Capítulo nueve: Qué esperar cuando se proyecta en el astral

Comprender cómo se siente la proyección astral requiere experimentarla realmente. Desprender la forma astral de su cuerpo físico también es único para cada individuo. Puede que usted no experimente la proyección astral de la misma manera que otra persona; sin embargo, hay algunas sensaciones familiares que todos los que han tenido alguna vez una experiencia fuera del cuerpo suelen informar. Conocer estas sensaciones antes de la experiencia da una idea de lo que se puede esperar cuando el alma abandona el cuerpo. Abrazar las sensaciones puede hacer que su experiencia de proyección astral sea aún más saludable. Por muy sanas que sean estas sensaciones, a menudo son difíciles de explicar a las personas que nunca las han sentido. Pero cuando se tiene la experiencia, se puede asimilar plenamente la notable proyección astral. Sin embargo, no importa cuán desconocidas sean las sensaciones durante la experiencia de la proyección astral, hay que aceptarlas. Huir de ellas por miedo solo resultará en intentos fallidos de viaje astral. A continuación se presentan algunas de las sensaciones familiares que puede experimentar en el modo astral y la mejor manera de reaccionar a ellas.

Parálisis

La parálisis del sueño le ocurre a la mayoría de las personas durante el viaje astral y generalmente ocurre durante el punto de preparación para la proyección astral. La parálisis y la rigidez se producen debido al estado hipnagógico en el que se endurece todo el cuerpo y se deja solo la mente activa. Como resultado, su cuerpo físico se paraliza de manera similar al estado de parálisis en el que entra cuando está en el modo de sueño. Si esto sucede, no tiene que tener miedo ya que puede despertar a su cuerpo si es necesario. Si está intentando un viaje astral por primera vez, puede que no esté preparado para la experiencia y se sienta incómodo si no puede mover su cuerpo. La mejor manera de mantener el pánico fuera de su mente es imaginar que su cuerpo se duerme lentamente mientras su mente permanece en un estado de sueño. En caso de que se sienta muy incómodo, hasta el punto de que no pueda seguir en ese estado, solo tiene que despertar su cuerpo. De lo contrario, tiene que aceptar la parálisis para continuar su viaje astral.

Vibraciones

Las vibraciones son familiares con cada experiencia de la EFC porque hay que pasar por el estado vibratorio antes de separar el cuerpo astral del físico. Se ha informado que las vibraciones se sienten como una sacudida de electricidad. Sin embargo, la intensidad puede variar de un individuo a otro. Mientras que usted puede experimentarla mínimamente, otra persona puede sentir como si todo su cuerpo estuviera convulsionando, o viceversa. Lo emocionante es que el efecto de las vibraciones en su cuerpo no puede ser visible para nadie que lo esté viendo. El estado vibratorio solo se alcanza cuando sus centros de energía —los chakras— alcanzan una resonancia alineada. A medida que los puntos de energía se sincronizan, se puede sentir como si se abrieran múltiples portales al mismo tiempo. En ese punto, usted puede abrirse y proyectarse en el plano astral. Los proyectores astrales experimentados pueden inducir la etapa vibratoria y aumentar o disminuir la intensidad a voluntad. Con la práctica, usted también puede alcanzar este nivel de habilidad.

Aumento de la frecuencia cardíaca

La proyección astral puede ser bastante intensa, independientemente de si usted es un proyector principiante o experimentado. La intensidad de la experiencia suele ser mayor para los principiantes, por lo que puede sentir que su pulso se acelera a un ritmo insano. Puede que literalmente oiga su corazón latiendo en sus oídos. Piense en la primera vez que intentó hacer ejercicio y recuerde cómo se sintió sin aliento mientras corría. Así que, cuando se quede quieto y sienta que entra en un estado de sueño, donde lo único activo es su mente, no se sorprenda demasiado al sentir que su corazón se acelera más de lo normal. Necesita mucha confianza y fuerza de voluntad para pasar por una experiencia de proyección astral. Emociones como la ansiedad y la agitación pueden contribuir aún más a que su corazón lata. Esto se debe a que estas emociones desencadenan la liberación de adrenalina, que sin querer aumentará su ritmo cardíaco. Trate de no enfocarse en su corazón acelerado; en cambio, trabaje en enfocar su mente en lo que realmente importa, que es la experiencia que está a punto de tener.

Zumbido

El estado vibratorio viene con ciertos sonidos que son bastante distintivos y fuertes. Estos sonidos pueden filtrarse gradualmente en su conciencia o venir como un eco repentino. Los proyectores astrales en su mayoría informan de que oyen sonidos cuando entran en el estado vibratorio. El sonido puede ser débil y dulce para sus oídos, haciendo que se estremezcan. Para otra persona, el sonido puede ser fuerte y envolvente, similar al que se oye cuando se vuela en un avión privado. También puede experimentar un sonido *silbante*, como si el aire soplara a través de sus oídos en un día ventoso. Otros ruidos incluyen un *rugido*, un *chasquido* o una *ráfaga* de viento. Estos sonidos son esenciales porque hacen que el mundo astral se abra a usted mucho más rápido. Por lo tanto, puede aprender a hacer que ocurran siempre que quiera entrar en el plano astral. Una de las formas más efectivas de hacerlo es escuchar los ritmos binaurales.

Hormigueo/entumecimiento

El hormigueo suele formar parte de la experiencia fuera del cuerpo de todo proyector astral. Sin embargo, en algunos casos, puede experimentar exactamente lo contrario de un hormigueo. Las dos sensaciones son dos extremos de una escala. Si usted reacciona a la proyección astral siendo demasiado consciente de las sensaciones, su cuerpo experimentará hormigueo en un nivel leve o intenso. Puede ser una rápida y suave sensación de picor en la piel o una sensación de picor que le hará sentir muy incómodo. Para algunos, se puede sentir como una electricidad que sacude el cuerpo a través de corrientes muy altas.

Por otro lado, si reacciona volviéndose poco sensible a las sensaciones, su cuerpo se adormecerá y no podrá sentir nada. Usted estará ahí, como en un estado de parálisis. El entumecimiento significa que su mente consciente es la única cosa despierta y activa.

Hundimiento

La sensación de hundimiento es otra de las sensaciones predominantes que reportan la mayoría de los proyectores astrales. Es probable que sienta una especie de presión en su cuerpo. La sensación puede ser leve o de tensión, dependiendo de la intensidad de la presión. Esta sensación de hundimiento es el resultado de que el cuerpo se siente pesado y presiona hacia abajo. Es normal. Precede al estado justo antes de la proyección. El aumento de la actividad en el chakra coronario es responsable de la sensación de presión. La sensación solo dura un momento fugaz. Por lo tanto, lo que puede hacer es ser paciente hasta que pase. Distraiga su mente de las sensaciones de incomodidad que pueden acompañarla. Solo siga respirando y permanezca en el estado de tranquilidad original hasta que su forma astral se separe de su cuerpo físico.

Flotando

Después de que su cuerpo astral se haya separado con éxito de su yo físico, puede que se sienta levitando. Esta es probablemente la parte más estimulante de la proyección astral, hacer algo que solo los actores en las películas lo hacen. En la preparación del viaje astral, experimentará una sensación de flotar. Básicamente, siente que su cuerpo es impulsado desde su cama a la superficie por alguna fuerza no física. Esa fuerza es su mente. Puede ser capaz de controlar la velocidad a la que flota y la longitud que alcanza, pero esto es poco probable en su primer intento exitoso. Desafortunadamente, algunas personas experimentan desagradablemente esta sensación de flotar. Sienten que su estómago cae al suelo debido al cambio de altura. Es posible experimentar todas estas sensaciones porque todavía está unido a su cuerpo físico. Una vez que se separe del cuerpo físico, todas las sensaciones asociadas con una forma física se desvanecerán. Recuerde que la forma astral no se ve frenada por limitaciones, a diferencia del cuerpo físico. Por lo tanto, las discapacidades físicas no existen en la forma astral. Su cuerpo astral puede explorar el universo a voluntad sin ser retenido por incapacidades físicas o sin sufrir daños físicos. Su mente es la única limitación que tiene en el mundo astral, y depende de usted de todos modos.

Ruido fuerte

Aparte del zumbido que se escucha en su estado vibratorio, los proyectores astrales han reportado otros sonidos. Si usted tiene oídos para la música, puede ser más sensible a estos sonidos que otros. Prepárese para el posible ruido, para que no interrumpa su estado de tranquilidad. Una cosa de los ruidos en la forma astral es que pueden ser cada vez más fuertes, casi como si alguien se encargara del botón del volumen. Los sonidos van desde tonos de llamada a campanas que suenan e incluso un toque de música real. No se asuste si por casualidad escucha alguno de estos ruidos. Es inevitable experimentar sonidos en la forma astral. Por lo tanto, todo lo que puede hacer es preparar su mente para la experiencia.

Cuando finalmente se proyecte astralmente, es probable que sienta al menos una o más de estas sensaciones. Ya que ahora sabe qué esperar, no debería haber ningún problema en permanecer en su estado de relajación cuando escuche ruidos eventualmente.

3 Preguntas frecuentes sobre los viajes en el plano astral

En las discusiones sobre la proyección astral siempre surgen tres preguntas, y las respuestas a ellas ayudan a establecer las expectativas correctas. Más importante aún, ayudan a calmar el miedo que acompaña a la idea de algo tan serio como el viaje astral.

"¿Puede alguien más tomar el control de mi cuerpo en el plano astral?"

Si hay algo que la palabra "imposible" describe, es esto: su cuerpo no puede ser ocupado por ningún otro espíritu que no sea el suyo. La proyección astral, aunque ligeramente diferente, es casi lo mismo que el sueño. Si otra persona no puede tomar el control de su cuerpo mientras duerme, ciertamente no sucederá en el plano astral. Su cuerpo físico no está en ningún peligro potencial.

"¿Me comunico con la gente en el plano astral?"

Por supuesto, puede comunicarse con personas en el plano astral, pero tenga cuidado con quien habla. Hay diferentes niveles de existencia en el plano astral. Por lo tanto, la comunicación puede depender del plano al que vaya cuando esté en su forma astral. Puede que conozca a personas que están viajando en astral en sus sueños. Cualquier intento de comunicarse con estas personas será inútil ya que están inconscientes y preocupados. Lo mejor que puede hacer es ocuparse de sus propios asuntos. No intente hablar con la gente primero. Incluso cuando le hablen, asegúrese de evaluar la situación antes de responder. El reino astral es un lugar muy vulnerable, por lo que es mejor evitar compartir sus sentimientos y opiniones con las entidades equivocadas.

"¿Cómo es el plano astral?"

No se puede obtener una respuesta definitiva a esto. El plano astral no toma una apariencia singular para todo el mundo. El aspecto que tenga dependerá en gran medida de su campo áurico y de la sincronización de sus puntos de energía. Sin embargo, encontrará que su entorno tomará un nuevo aspecto una vez que proyecte su forma astral. Por ejemplo, su dormitorio o sala de práctica tendrá una especie de aspecto astral, lo que significa que no se verá exactamente como su habitación.

Existen muchas más preguntas sobre la proyección astral, pero estas tres son las más relevantes para su viaje en el plano astral.

En el siguiente capítulo, averigüe cómo puede protegerse de entidades peligrosas en el plano astral.

Capítulo diez: Cómo protegerse en el plano astral

Las entidades no materiales residen en el plano astral. Algunas de estas entidades ni siquiera viven allí, pero la visitan, como usted. Aunque usted se encontrará con seres agradables y benévolos, como ángeles y guías espirituales, también se encontrará con seres malévolos. Por lo tanto, es vital estar bien protegido y armado durante el viaje astral. Sin consejos u objetos de protección adecuados, puede encontrarse con un espíritu maligno que le engañará, asustará o confundirá su mente. Los espíritus en el plano astral no pueden dañarle físicamente; sin embargo, pueden dañar psicológicamente su núcleo de energía. El plano astral es una composición de diferentes planos. Varias entidades y espíritus residen en estos planos. Está segregado en dos: el plano astral inferior y el plano astral superior.

El plano astral inferior es el almacén de todo tipo de mal y de todo lo que los humanos temen. Este es el primer plano al que llegará. Ir a las partes más altas del reino astral requiere que pase por el plano inferior, que es cuando es más probable que se encuentre con el peligro en cualquier forma. Si su forma astral es muy poderosa y lleva una luz siempre brillante, los espíritus malévolos del plano inferior aún pueden seguirle hasta el reino superior. Simplemente tienen que seguir el brillo de su forma astral.

Encontrará sus miedos más profundos en el plano astral inferior. Algunas de las entidades que ve en las películas son reales, y puede encontrarlas en el plano inferior. Desde demonios a fantasmas y espíritus malignos, encontrará la mayoría de los seres que hacen temblar en el plano astral inferior. Esto no es sorprendente ya que ya sabe que el reino astral inferior es el depósito del mal. Las entidades de vibración más baja en el plano inferior pueden seguirle para robar y cosechar la luz y la energía de su forma astral. Es como las hormigas al azúcar. Es incluso peor cuando les permite oler el miedo y la incertidumbre en todo su cuerpo. Para mantenerse a salvo, aquí tiene cinco consejos útiles que funcionan para cada proyector astral.

Aumente su vibración

Las entidades en el plano astral inferior se sienten atraídas más que nada por sus miedos y dudas. Se sienten atraídas por las emociones que emiten energía vibratoria negativa. Por lo tanto, una forma efectiva de conseguir que se mantengan alejadas de usted es elevar sus vibraciones a un nivel tan alto como sea posible. Cuando sus vibraciones están en el nivel más alto, las entidades de nivel más bajo encuentran difícil ver o moverse hacia usted. Más específicamente, una vibración más alta también invitará a otros seres de vibración más alta a usted, y puede interactuar con estas entidades. Sin embargo, el aumento de las vibraciones significa que su luz brillará muy intensamente, lo que puede seguir atrayendo a las entidades de menor vibración. Así que prepárese a pesar del aumento de las vibraciones.

Evite los problemas

La prevención siempre será mejor que la cura por buenas razones. Una de las formas más efectivas de protegerse de los seres del bajo mundo astral es evitar tener algo que ver con ellos. Así que, si puede, evite por completo a las entidades de nivel inferior. En la mayoría de los casos, cuando se prepara para visitar el plano astral, su intuición le da una pista de lo que puede estar esperándole en el reino en ese punto en particular. Si su cuerpo siente que algo raro, es mejor cambiar la fecha a otro día. A veces, sin embargo, puede que no reciba ningún aviso previo precognitivo. Sin embargo, cuando llegue al plano astral y sienta que una entidad real inferior viene a su encuentro o le espera, vea si puede tomar otra ruta o simplemente volver al plano material o a su cuerpo físico. Puede entrar en su cuerpo, despertar y esperar un rato antes de intentar volver al plano astral. No regrese a menos que estés seguro de que el ser se ha ido. Normalmente, las entidades no materiales no permanecen en el mismo lugar por mucho tiempo ya que siempre están encontrando al siguiente visitante astral desprevenido para drenar su energía.

Si un ente es atraído por su luz y comienza a dirigirse hacia usted, corra. Vaya a otro plano o al plano material. Si necesita, vuelva a su cuerpo físico. No deje espacio para que la entidad le alcance. Cuanto más rápido pueda salir de su vista, mejor para usted. Una vez que acelere y deje mucho terreno para que le alcancen, lo más probable es que los espíritus malignos dejen de perseguirle. Entonces, puede continuar su viaje.

Luche y busque ayuda

Si los pasos anteriores fallan, puede que tenga que luchar contra cualquier entidad que intente absorber su luz. Una lucha en la forma astral es diferente de su lucha física habitual. La lucha aquí es para proteger su mente, que es también lo único que tiene como arma en el plano astral. Con su mente, visualice y produzca una armadura de luz a su alrededor. Para subir un nivel, cree una espada astral mientras trabaja en ello. En el plano astral, una armadura de luz solo puede ser creada desde el interior de sus propios puntos de energía, usando el poder de la felicidad, el amor y la compasión. Está destinada a servir como su escudo protector. Para conjurar mentalmente una armadura de luz, tiene que concentrarse en pensamientos de amor, felicidad y tranquilidad. Al mismo tiempo, debe usar afirmaciones positivas para asegurarse de estar siendo cubierto por un escudo de luz. Este es el mismo proceso que sigue para crear su propio amor astral. La diferencia clave es que tiene que extraer del amor interno para conjurar una espada de luz que sea lo suficientemente poderosa para luchar contra los seres de baja vibración del plano astral inferior.

Si alguna entidad se enfrenta o se acerca a usted, no tenga miedo de atacarla. Deshágase del miedo y concéntrese en su necesidad de paz y calma. Si apuñala a la entidad con su espada astral, ellos sentirán todo el impacto de su amor y eventualmente se desvanecerán o se alejarán gradualmente. Si intentan atacarle, su forma astral estará protegida por su armadura de luz, y usted estará a salvo.

Sin embargo, los espíritus a veces pueden pillarle desprevenido, lo que significa que puede resultar difícil crear la armadura de luz y su espada astral. En este caso, su otra opción es llamar a entidades de vibración más alta para que le ayuden. Los ángeles y los guías espirituales están disponibles para ayudarle cuando lo necesite. Pueden ayudar a mantener alejados a los espíritus malévolos. Como están más familiarizados con el plano astral y conocen las entidades con las que comparten el reino, es más que probable que los ángeles y los guías espirituales manejen la situación mejor que usted.

5 cosas que pueden ayudarle a aumentar su vibración

Una vez que empiece a practicar regularmente la proyección astral, se familiarizará cada vez más con lo que son las vibraciones. Incluso si no puede entender contextualmente lo que son las vibraciones, las sentirá cada vez que esté en el plano astral. Necesita altos niveles de vibración para mantenerse formidable en el plano astral. Sin embargo, las vibraciones no son algo que pueda aumentar a voluntad. Para aumentar su nivel de vibración, también debe haber estado practicando y trabajando en su forma física. De lo contrario, no recurrirá a sus vibraciones como protección cuando llegue el momento de protegerse de un espíritu malvado en el plano astral. Para preparar su mente y su cuerpo para una experiencia astral sana, a continuación se ofrecen consejos para ayudarle a aumentar sus vibraciones en los planos físico y astral.

1. *Sea agradecido.* La gratitud es una emoción muy importante que la mayoría de la gente, por desgracia, subestima. Estar agradecido es una de las formas más rápidas de aumentar su vibración. Además, es algo que puede hacer inmediatamente, incluso mientras lee este libro. Mire a su alrededor y encuentre algo por lo que esté agradecido. Esto puede parecer algo difícil, pero se sorprendería saber cuántas cosas puede agradecer en un solo momento. Desde su respiración hasta el refugio o la cama en la que está, agradezca algo que importe. Mire las hermosas nubes y agradezca por ellas. La gratitud es una emoción de alta energía, por lo que puede servir como fuente para aumentar su vibración. Siempre que se sienta experimentando una emoción de bajo nivel, simplemente cambie su enfoque de esta emoción encontrando algo por lo que estar agradecido. Haga de la gratitud su hábito, y su sentido de conciencia espiritual puede empezar a expandirse.

2. *El amor.* Piensa en alguien en su vida que sea fácil de amar. Visualice a esa persona sentada con usted y vea cómo le hace sentir. Cuando piense en ella, un sentimiento de ligereza y felicidad debería apoderarse de su alma, y puede sentir que su corazón se está expandiendo. Así es como obtiene el cambio que tanto desea. El amor es una de las emociones humanas básicas, y uno de los sentimientos que le ponen en el estado vibratorio más alto. Puede sacarle del más oscuro de los agujeros. Enseñe a su alma sobre el amor, aliméntela con amor, y se sobrecargará con vibración.

3. *Sea generoso.* La generosidad es otro sentimiento poderoso que puede aumentar su vibración. La avaricia o la tacañería es un sentimiento de baja vibración que le hace sentir mal. No hace nada por usted. Cuando une su felicidad a algo externo, como el dinero, la atención o el amor, da el efecto opuesto a lo que realmente quiere y desea. La clave para sentirse bien consigo mismo es la generosidad. Cuando siente cómo quiere vivir, ponga a su cuerpo en un estado de vibración constante que puede ser útil en el reino astral. Lo que sea que sienta que realmente desea más en la vida, déselo a alguien más. Si siente que no tiene dinero, es el mejor momento para dar a la caridad. Si se siente solo, es el momento de ayudar a otra persona a sentirse deseada haciéndola sonreír. Si siente que el tiempo es demasiado corto, invierta algunas horas en una buena causa. Hacer cosas como esta le enseña que hay más en la vida que lo que cree que no tiene suficiente.

4. *Perdone.* La culpa es una de las emociones que irradian energía de baja vibración. El perdón es lo opuesto a la culpa. Trabajar para el perdón en todo momento le libera de la energía inferior de la culpa, y sus vibraciones suben en la gráfica. Aprenda a perdonar y olvidar también si puede lograrlo. Cuando perdona, el sentimiento de culpa que pesa sobre usted se disipará lentamente, y su corazón y su cuerpo se sentirán más ligeros que de costumbre. Así que, en lugar de culpar a la gente, empiece a perdonarles. El perdón es una forma de ayudarse a sí mismo y de ayudar a la gente a la que perdona.

5. *Medite regularmente.* Cuanto más sincero sea, más alto será su nivel de vibración. La meditación es una forma de entrenarse para vivir el momento y estar presente. Cuanto más practique la meditación, especialmente la meditación de atención, más alto será su estado de conciencia. El pasado es un producto de su mente, al igual que el futuro. Sin embargo, el presente es ahora, y solo dice la verdad. La meditación le ayuda enormemente a aumentar su nivel de vibración rápidamente hasta el punto de poder luchar contra los seres astrales inmateriales si se enfrentan a usted.

La incorporación de estas emociones en su vida está destinada a elevar cada aspecto de su vida, no solo su vida espiritual. Por lo tanto, haga de ellas un hábito y no las considere solo un medio para un fin.

Capítulo once: Encuentro con los Guías Espirituales y otras aventuras de viajes astrales avanzados

Como sabe, el plano astral también alberga muchos espíritus benévolos. Algunos de estos espíritus están ahí para ayudarle cuando lo necesite y sirven como su maestro, para abrir su mente a las verdaderas realidades del universo. Por lo general, cada proyector astral recibe un guía espiritual particular, uno que está unido a su espíritu. Sin embargo, los guías espirituales no suelen ser un solo ser; usted puede tener más de tres guías espirituales a la vez. El guía que ve más a menudo es su principal guía espiritual. Algunos guías solo están ahí para ayudarle durante un breve momento de su vida, mientras que otros estarán con usted hasta el final de los tiempos. Algunos guías solo vienen a enseñarle una o dos lecciones de vida y le ayudan en una búsqueda, particularmente espiritual. Se han escrito varios libros sobre cómo puede contactar con sus guías espirituales siempre que los necesite, pero ese no es el enfoque de este libro. Cuando visita la dimensión astral, se encuentra con sus guías espirituales. ¿Pero qué pasa cuando los conoce? Además, ¿cómo son realmente los guías espirituales? Estas son algunas de las preguntas que la gente se hace constantemente sobre el encuentro con los guías espirituales en el plano astral.

En primer lugar, debe saber que su guía espiritual puede ser cualquiera, pero no son ángeles. Mucha gente asume que los guías espirituales y los ángeles son lo mismo. Lo más básico que debe saber sobre los guías espirituales es que cualquier ser o entidad puede servir como su guía espiritual. Sin embargo, los guías espirituales no son automáticamente ángeles. La diferencia clave entre los ángeles y los guías espirituales es que los guías espirituales son seres encarnados, mientras que los ángeles nunca se han encarnado. Los guías espirituales también se clasifican en diferentes categorías, como guía de curación, guía profesor y guía maestro. Algunas personas creen que los ángeles tienen cosas más importantes que hacer que ser guía sanador o maestro de alguien. Las personas que piensan esto en parte están en lo cierto, pero no todo es tan blanco o negro. Algunas personas han reportado tener ángeles como sus guías espirituales, y eso está bien.

El punto es ayudarle a entender la diferencia entre los diferentes tipos de guías en el plano astral y su papel en su vida.

No es raro en el plano astral encontrar a sus seres queridos difuntos sirviéndole como guía espiritual. Si se encuentra con un ser querido fallecido en el plano astral, no se sorprenda, ya que puede haber elegido vigilarle y protegerle desde el otro lado. Para muchas personas, suelen ser su(s) abuelo(s). A veces, sus antepasados, gente que nunca ha conocido, pueden ser su guía espiritual. Desde hace generaciones, han decidido servir como guías espirituales para la gente de su linaje. Aunque no los conozca, no tema dejar que le ayuden, ya que no tienen ninguna intención maliciosa. Amigos de sus vidas pasadas también pueden servir como guías espirituales. Puede que usted haya elegido encarnar, mientras que los amigos cercanos de su pasado eligieron vivir esa única vida y disfrutar el resto de sus vidas en el plano astral. Como resultado, tienen el poder de elegir ayudarle desde el otro lado. En el plano astral, las limitaciones o restricciones de tiempo no existen. Por lo tanto, puede que conozca a alguien de su vida pasada hace unos 3.000 años. Tal vez alguien que incluso usted conocía del antiguo Camelot. Esto le sucede a mucha gente. Alguien una vez informó de haber conocido a un amigo de su vida pasada en la antigua Roma.

También puede encontrar ayudantes espirituales generales, gente que no tiene ninguna afiliación pasada o presente con usted. No los conoce, pero eligen vigilarle y ayudarle a navegar por el universo en el lugar correcto. A veces, pueden parecer que le ayudan en una tarea en la que está trabajando porque tienen un conocimiento profundo sobre ese tema. Los ángeles a veces también sirven como guías espirituales. Obviamente, no están demasiado ocupados para pasar ayudando a la gente que puede necesitar su ayuda. Los maestros ascendidos también son guías espirituales. Son seres superiores que han encarnado antes. Los maestros ascendidos son aquellos que han alcanzado la cima de la iluminación. Un ejemplo de un maestro ascendido es Buda. Sí, usted puede encontrar a Buda en el plano astral si está cerca. Otras entidades que puede encontrar en el reino astral superior son los elementales, las deidades, los extraterrestres y los animales espirituales.

Factores que determinan quién es su guía espiritual

Es difícil decir a quién tendrá como guía espiritual ya que varios factores lo determinan. Por ejemplo, un experto en habilidades de curación esotérica y tareas espirituales es muy poco probable que consiga a un miembro de la familia como su guía espiritual. Esto se debe a que ya tienen un amplio conocimiento y puede requerir a alguien con un conocimiento superior para que sea su guía. Los cuatro factores que se utilizan para determinar a quién se consigue como guía incluyen:

- Huella energética
- Nivel de conocimiento
- Lazos de relación
- Contrato de preencarnación

Huella energética

Una huella energética contiene todo lo que quiere saber sobre usted mismo como un ser energético. Es la huella de su ser, que tiene todo sobre su composición energética. La información sobre el arquetipo de su alma, los chakras, los colores áuricos y los elementos están todos en la huella energética. Cada persona tiene una huella energética que es única para ella. En el mundo astral, los espíritus le reconocen por su huella energética. No todos los seres en los reinos superiores tienen nombres. Algunos ni siquiera saben lo que son los nombres. Así que tiene que encontrar una forma de identificarse con ellos. Cuando usted recibe un guía que no es de su vida pasada o de la actual, es porque su lectura energética se alinea con la lectura energética de esa guía. En el mundo astral, los seres similares se atraen. Puede que tenga elementos comparables con el guía espiritual que recibe, o puede ser que sus colores áuricos coincidan entre sí.

Nivel de conocimiento

Se obtienen guías que coinciden con su nivel de conocimiento sobre los planos astrales y el universo. Si usted es un principiante en los viajes astrales, no puede esperar conseguir un guía avanzado con una sabiduría infinita para compartir sobre el universo. La guía(s) que se obtiene es uno que puede enseñar algo en el nivel de su conocimiento espiritual para facilitar el crecimiento. La vibración también puede ser un factor en este sentido. También obtiene guías que están en tándem con su nivel de vibración. Si usted es un viajero astral aficionado, no puede conseguir un profesor como su guía espiritual. Obtiene a alguien adecuado para el nivel en el que está.

Lazos de relación

Obviamente, esto significa conseguir gente con la que tenga un lazo o un vínculo. No tiene que compartir necesariamente lazos de sangre; podría ser solo alguien con quien solía estar conectado emocionalmente. Sus seres queridos muertos, vidas pasadas, amigos y antepasados son todas personas que encuentra por el vínculo que tienes con ellos.

Contrato de Preencarnación

Esto es bastante sencillo. Cuando encarna, no tiene todo su grupo de almas. Algunos deciden quedarse en los reinos espirituales para ayudar a otros. Así que, algunas de las personas con las que se encuentra como guías espirituales son a veces personas que tienen un contrato de preencarnación para vigilarle mientras usted está en la Tierra. Es una especie de acuerdo que han hecho con su alma, y no tienen otra opción que cumplir ese acuerdo.

Aparte de encontrar a sus guías espirituales, hay otras aventuras que puede tener en el reino astral. Una de ellas es acceder a los registros Akáshicos.

Acceso a los registros Akáshicos

El registro Akáshico contiene información sobre todo lo que ha sido y será. Cada individuo tiene su propio libro en el registro Akáshico: una suma de su experiencia humana completa. Los registros Akáshicos se describen como una biblioteca sin fin. No se puede acceder al registro Akáshico desde el plano de la materia o el reino físico, pero se cree que se puede cuando se está en la forma astral. El Akasha está en el plano etérico. Visitar los registros Akáshicos para encontrar información sobre su pasado —y posiblemente su futuro— es una de las aventuras que puede tener cuando esté en su forma astral. Históricamente, se dice que solo las personas que han sido consideradas dignas pueden acceder a los registros Akáshicos. Por lo tanto, no es algo que pueda hacer en sus primeras visitas al reino astral.

Acceder a los registros Akáshicos cuando usted está en forma astral es posible porque el plano astral es un lugar de voluntad, donde usa su mente para pedir las cosas que desea. Si lo desea, puede desear desde el plano astral a los registros Akáshicos. Antes de intentar hacer esto, debe haber establecido su intención de viaje astral. Tenga en cuenta que siempre necesita tener un propósito cuando se proyecta en el astral, así que haga que "alcanzar el salón de los registros" sea su objetivo siempre que planee un viaje astral para alcanzar los registros Akáshicos. Debe establecerse como un objetivo específico en su mente, y no debe haber nada más. Ahora que sabe esto, ¿cómo accede a los registros Akáshicos?

Como sabe, necesita usar la técnica de proyección astral que funcione para que se proyecte en su forma astral. Una vez que esta forma se separa de su cuerpo físico, puede entonces querer aparecer en la sala de registros simplemente pensando: «Deseo ir a los registros Akáshicos/la sala de registros». No tiene que decirlo exactamente así, pero debería ser algo similar. Una vez que lo haga, se encontrará en la sala como si estuviera soñando. Sabiendo que la principal forma de comunicación en la forma astral es la mente, lo que necesite encontrar en la sala de registros debe ser deseado con su mente.

Consejos para acceder al registro Akáshico

- *Declare su intención de ir a los registros Akáshicos en su mente.* Por supuesto, debería haber pensado en esto antes de ir a la sala. No intente acceder a la sala hasta que tenga una razón definitiva de por qué quiere hacerlo. ¿Qué es lo que quiere saber? ¿Cómo podría ayudarle el saber esto? No saber exactamente lo que está buscando en el registro Akáshico puede llevar a una búsqueda desorganizada, lo que significa que puede que no encuentre ninguna información útil. Un ejemplo de una posible razón para buscar en el registro Akáshico podría ser averiguar hacia dónde se dirige su relación actual con su pareja.

• *Antes de tomar su forma astral, puede anotar preguntas específicas para buscar respuestas en los registros Akáshicos.* Haga una lista de las cosas que quiere saber y las preguntas que quiere formular. Hágalas tan específicas como sea posible. Por ejemplo, puede preguntar: «¿Cuál fue mi propósito en mi última vida? ¿Está relacionado con mi profesión actual en mi vida actual?». También puede preguntar cosas sobre dónde vivía o qué trabajos tenía.

• *No haga preguntas vagas o irrelevantes cuando esté en la sala de registros.* Haga preguntas que le ayuden a ofrecer soluciones a cualquier problema que pueda estar enfrentando en su vida actual. Haga preguntas que puedan guiarle en la toma de decisiones que puedan afectar toda su vida. Si ha estado enfrentando un problema en particular y no hay una solución a la vista, pregunte acerca de la mejor solución. Por ejemplo, puede preguntar: «Actualmente estoy pensando en cambiar de trabajo para dedicarme a mi pasión, pero no sé si será una buena decisión o no».

• *No haga más de una pregunta a la vez.* Recuerde que su mente es su herramienta de comunicación en el salón de los registros. Así que en realidad no habla; solo piense en cualquier pregunta que tenga. Hacer una pregunta a la vez hace más fácil obtener respuestas más claras. Concéntrese en cada tema que le interese a la vez. Por ejemplo, haga preguntas sobre su relación antes de pasar a las preguntas sobre su carrera, salud o cualquier otro tema que le pueda interesar.

• *Mientras esté en los registros Akáshicos, manténgase relajado, para no salir de su forma astral antes de obtener las respuestas a sus preguntas.* De vez en cuando, respire profundamente mientras permanece en la sala. Mantenga la calma, y mantenga sus emociones bajo control. No se entusiasme ni se preocupe por obtener las respuestas que busca.

Una vez que accede a los registros Akáshicos, ¿cómo encuentra la información que necesita?

- *Piense en voz alta y pida que le concedan acceso a su libro en el salón de los registros.* Si lo desea, puede preguntar en voz alta diciendo algo como: «Busco información sobre mí mismo en el pasado. ¿Puedo acceder a mi libro para encontrar la información que busco?». Después de hacer esta pregunta, inspire profundamente y aclare su mente. No se sorprenda si no obtiene una respuesta inmediatamente. Puede que tenga que preguntar más de una vez antes de que se le conceda acceso a sus registros.

- *Espere.* No puede hacer nada más que esperar a que se le conceda la información que busca. Contrariamente a lo que ve en las películas, los seres superiores no siempre salen de detrás de los estantes y le entregan su libro. En su lugar, la información aparecerá en su conciencia. Continúe respirando profundamente mientras espera por la cosa que busca. Tenga en cuenta que la información puede llegar de diferentes maneras a través de sus cinco sentidos. Puede que vea, pruebe, huela, sienta o escuche algo. Esa es la forma en que la sala akáshica transmite el mensaje. Por ejemplo, si pregunta a dónde le llevará su relación actual, puede ver la forma de un anillo en el ojo de su mente, lo que probablemente significa que resultará en un matrimonio. Alternativamente, podría probar algo dulce como una tarta, lo que podría significar lo mismo.

- *En algunos casos, puede sentir inmediatamente la presencia de un ser superior.* Incluso puede ver a este ser dependiendo del nivel de sus habilidades clarividentes. Si siente a alguien cerca de usted, vuelva a presentarse en voz alta y haga su pregunta una vez más. El ser superior puede ser el guardián de sus registros o alguien que esté allí para hacer alguna otra tarea. De todas formas, haga su pregunta y puede que le ayuden.

- *Después de que tenga éxito en el acceso a sus registros, puede volver a casa.* Una vez que esté de vuelta en su forma física, necesitará interpretar la información que reciba. Tome un bolígrafo y un papel y úselo para descifrar lo que le dieron. A veces, necesitará visitar los registros Akáshicos varias veces antes de obtener finalmente la respuesta completa a una pregunta.

Siempre puede repetir los pasos anteriores para seguir aprendiendo sobre su pasado en el salón de los registros. Puedes hacer visitas semanales o quincenales. Recuerde mantener un tema a la vez cuando acceda a los registros Akáshicos.

¿Sexo en el plano astral?

El sexo astral se está convirtiendo en una tendencia, y cada vez hay más gente que lo reporta. Es probable que ya esté familiarizado con los sentimientos y sensaciones del sexo físico. Aun así, probablemente no sabía que también puede participar en las relaciones sexuales mientras está fuera de su cuerpo, y las personas han declarado que es incluso mejor que el sexo físico. Sin embargo, no puede saberlo a menos que lo intente. Por lo tanto, si está dispuesto a hacerlo, hay toda una parte del reino astral dedicada a aquellos que quieren deleitarse con el placer sexual sin tener que hacerlo de la manera habitual.

El sexo astral también se conoce como sexo no corpóreo, y hay múltiples formas de participar en él. Puede decidir tener sexo de ensueño, lo que implica tener sexo con un personaje de ensueño de su elección. Puede tomar su forma astral y tener sexo con otra persona mientras aún está en su forma física. O puede hacer que su pareja vaya al plano astral con usted y desate una pasión desenfrenada. Todo depende de la elección que haga.

Sexo de ensueño

Es seguro y absolutamente normal tener sexo en sus sueños. Además, solo porque sea un sueño no significa que esté desprovisto de placer. Solo usted y el personaje del sueño que desarrolla en su mente subconsciente. Esto es posible cuando induce un estado de sueño lúcido. Por muy placentero que sea, no tiene que hacerlo si no es algo que realmente quiere.

Sexo astral-corporal

Aquí es donde una persona está en su forma física, y la otra persona está fuera del cuerpo. Si ambos ya han aceptado, todo lo que necesitan hacer es entrar en su forma astral y luego canalizar su forma astral a donde esté el cuerpo físico de la otra persona mientras duerme. Entonces, simplemente carga su energía en el de ellos, ya que puede ver su forma astral y sus pensamientos sexuales en su campo de energía. Esto le llevará a experimentar una dicha sexual similar a un orgasmo, pero no de cualquier parte del cuerpo. Su pareja sexual tendrá un sueño húmedo que le involucre o se excitará sexualmente mientras aún está inconsciente. Si su pareja es muy buena en el sueño lúcido, esta experiencia puede desencadenar un sueño lúcido. De lo contrario, se despertará al día siguiente y recordará haber soñado con usted.

Astral-Astral

Si su pareja también es un proyector astral, esto es algo que pueden lograr juntos. Ambos solo necesitan inducir sus estados astrales, viajar a lo profundo del plano astral y tener relaciones sexuales conscientemente. Sin embargo, esto puede ser un poco difícil ya que el reino astral no siempre es predecible. Si puede, elija un lugar y una hora antes del día elegido. Además, asegúrese de estar en la misma frecuencia astral. Cuanto más cerca estén ambos emocionalmente, mayores serán las posibilidades de tener sexo no corpóreo.

Aparte de esto, algunas personas han reportado tener sexo con entidades que se encuentran en el plano astral. Esto no es seguro, y nunca debe intentarlo, ya que algunas de estas entidades pueden estar ahí para drenar su energía.

Capítulo doce: Cómo volver al cuerpo físico

La idea de que el alma puede separarse permanentemente de su cuerpo durante la proyección astral es una idea que ha impregnado los medios de comunicación durante demasiado tiempo. Se ve en las películas, donde el alma de un antagonista se separa de su cuerpo físico y luego se envía a las profundidades del plano astral inferior, para no volver nunca más. A menos que usted muera, su alma no puede separarse completamente de su cuerpo. Volver a su forma física después de una experiencia fuera del cuerpo es un proceso bastante sencillo. Sin embargo, algunos creen que es posible ir al plano astral sin poder volver a su cuerpo físico. De hecho, hay un mito popular sobre la gente que muere en el plano astral. Las personas que dicen tales cosas nunca han tenido una experiencia fuera del cuerpo o se han molestado en averiguar más sobre ello. Como resultado, muchos temen involucrarse en la práctica de la proyección astral. La mayor parte de la información que se encuentra en línea con respecto a estos conceptos erróneos proviene de lo que la gente ve en las películas o lee en los libros de cuentos de hadas. Del mismo modo, algunas personas creen que permanecer demasiado tiempo en el plano astral también puede dejar su cuerpo vulnerable a entidades negativas que se apoderarán de él, por lo que nunca podrá volver. De nuevo, estas son falsedades flagrantes.

Volver a su cuerpo físico después de un viaje astral no es difícil mientras sepa cómo hacerlo. En algunos casos, su alma puede incluso volver a su cuerpo por sí misma si siente que estás en alguna forma de peligro y usted no puede manejarlo. Para volver a su cuerpo físico, necesita saber qué es el cordón de plata. El cordón de plata une su alma a su cuerpo físico y le guía hacia su forma astral y de vuelta cuando haya terminado. Gracias al cordón de plata, su alma siempre permanecerá conectada a su cuerpo físico, incluso cuando esté en su forma astral. El cordón de plata es fuerte y duradero; no es algo que pueda simplemente romperse o cortarse. Además, puede extenderse más allá de los límites. Incluso si lo intentara, no podría cortar el cordón de plata. Por lo tanto, nadie puede desconectarle completamente de su cuerpo físico.

El cordón de plata tiene una textura muy suave que nunca puede enredarse o formar nudos. No se puede quitar, pero se puede estirar de un lugar a otro. Cuando usted entra en su forma astral y vuela hacia los planos superiores, el cordón de plata le sigue sin separarse de su cuerpo. Este cordón no está hecho de un elemento material; es energía pura, por lo que no puede ser cortado o eliminado. Por lo tanto, puede estar seguro de que no hay manera de que nadie pueda cortar la conexión entre su cuerpo físico y astral. Tampoco puede esta conexión debilitarse. El vínculo entre su alma y su cuerpo permanece intacto incluso en la forma astral.

Ahora para volver a su cuerpo físico: Como ha leído, el proceso es simple. Solo tiene que seguir su cordón de plata de vuelta a su cuerpo. Cuando usted entra en estado astral, su cordón de plata marca el camino a seguir. Una vez que haya terminado de explorar el plano astral, puede volver a su cuerpo siguiendo el cordón de vuelta. En su forma astral, el tiempo y la materia no existen. La distancia tampoco existe. Si lo desea, puede volar a la velocidad de un avión. O puede correr a la velocidad de la luz. El regreso a su cuerpo puede no tomar ni un segundo; se trata más de su mente que de su cuerpo. Teniendo en cuenta que el mundo astral es un lugar de voluntad, solo necesita desear volver a su cuerpo.

Comprensiblemente, usted puede experimentar algunas dificultades para volver a su cuerpo, pero por lo general no es nada de qué preocuparse. Si usted tiene problemas, solo tiene que volver al reino astral, explorar un poco más, y luego intentarlo de nuevo. Cuando esté viajando por el astral, y algo amenazador ocurra, el alma regresará instantáneamente a su cuerpo físico. Lo mejor que puede hacer es preparar alguna forma de protección para su campo de energía.

Capítulo trece: Efectos secundarios e integración

Una vez que su alma se haya reconectado con su cuerpo, se despertará inmediatamente. En este momento, tiene un elevado sentido de conciencia que puede ser usado para una mayor iluminación. Lo mejor que puede hacer después de volver al reino físico y a su cuerpo físico es meditar y hacer que su mente vuelva a estar en sintonía con la realidad. Así como la meditación es genial para calmar su mente antes de comenzar su viaje astral, también es muy eficaz para devolver su mente y su cuerpo a su estado normal. No hay efectos secundarios negativos de regresar del reino astral. Los efectos son generalmente positivos. En una sola experiencia astral, su mente puede volverse increíblemente iluminada. Sin duda, notará un gran cambio en su visión del mundo y de las cuestiones relacionadas con usted y la gente que le rodea. La meditación puede hacer que esto sea aún más realzado. La meditación de la conciencia abre su mente y aumenta su capacidad de permanecer consciente y alerta del momento presente. Por lo tanto, cuando practique la atención plena justo después de la proyección astral, le ayuda a permanecer en tierra después de lo que acaba de experimentar. Esto significa que puede mantener las sensaciones de estar en el mundo astral tanto tiempo como quiera, probablemente hasta su próxima visita al reino astral.

Meditar justo después de integrarse de nuevo en su cuerpo es también una manera de asegurarse de que usted obtiene lo mejor de su experiencia astral. Por ejemplo, si accede al registro Akáshico a través de su forma astral, meditar justo después de volver a su forma física puede ayudarle a abrir su mente, para que pueda descifrar los mensajes que se le transmitieron en la sala de registros. La meditación, particularmente la meditación de atención plena, aumenta su sentido de claridad y calma sobre la increíble experiencia que acaba de tener.

Meditación fuera del cuerpo

La meditación fuera del cuerpo puede practicarse después de regresar del plano astral y justo antes de integrarse en el cuerpo. Meditar justo después de una experiencia fuera del cuerpo ayuda a mejorar las secuelas de su visita a los planos superiores. Para meditar mientras aún está fuera del cuerpo:

• Sienta su forma astral en el aire justo encima de su cuerpo físico. Su mente puede estar en un estado de agitación debido al reino del que viene. Cálmese y deje que su cuerpo se relaje.

• Permanezca en esa posición tanto tiempo como desee. Permanezca quieto. Su mente subconsciente absorberá mejor su experiencia en el reino astral de esta manera.

• Concéntrese y deje que la mente se ilumine a sí misma de su viaje en el plano astral.

• Después de un tiempo, vuelva a su cuerpo físico.

No medite por mucho tiempo ya que quiere evitar dormirse mientras está todavía en su forma astral.

Diario

Aparte de la meditación, otra cosa que debe hacer después de cada experiencia fuera del cuerpo es escribir un diario de su experiencia. Se ha demostrado que documentando y midiendo cada intento que hace puede hacer el progreso mucho más fácil y rápido. Lo mismo ocurre con la proyección astral, los viajes astrales y las experiencias fuera del cuerpo. Para registrar sus intentos de EFC, use un diario. No siempre tiene que escribir algo en profundidad, solo anote cómo se siente justo después de su experiencia. No espere a que se le olvide cómo se sintió después de la experiencia. Llevar un diario es una manera increíble de monitorear sus esfuerzos de proyección astral y encontrar dónde mejorar. Si lleva un diario de sus viajes astrales, le proporciona una visión de lo que es realmente efectivo para usted, sirve como recordatorio de sus éxitos y fracasos, y, lo más importante, le ayuda a mantenerse motivado para convertirse en un experimentado proyector astral y viajero en poco tiempo.

- *Establecer una rutina de práctica*

Sin una rutina, puede ser difícil lograr cualquier cosa relacionada con el viaje astral. Se necesita mucha disciplina para mantenerse al día con la proyección astral, especialmente cuando no se han tenido muchos intentos exitosos. Consiga un buen diario donde pueda escribir algo en tinta, no lo guarde en su teléfono. Escribir su experiencia con un bolígrafo y papel le hace apreciar la salud de sus viajes astrales. Sin embargo, si desea, puede usar su teléfono o la computadora para tomar notas de todo lo que ocurre en el reino astral. Después de un mes de diario, usted debe haber establecido con éxito una rutina y hacer la práctica de la proyección astral un hábito.

- *Evaluar el progreso, monitorear el éxito y examinar los fracasos*

Algunas personas tienen buenos resultados cuando intentan por primera vez la proyección astral. Simplemente acercarse a tener una EFC real es un éxito. Sin embargo, terminan rindiéndose cuando lo intentan muchas veces sin obtener la experiencia que anhelan. Por lo general, esto sucede debido al olvido: se olvidan de la medida en que tuvieron éxito y de lo que quedó para que fuera un éxito completo. Registrar sus experiencias puede ayudarle a evitar esto. Cuando se registra el progreso, el éxito y los fracasos en la práctica de la EFC, es más probable que se mejore. ¿Por qué? Porque usted está monitoreando su progreso. Usted sabe lo que está haciendo bien y lo que parece no estar haciendo bien. Por lo tanto, lleve un diario y busque activamente maneras de mejorar para encontrar la técnica que más le convenga. Solo así conseguirá resultados más tangibles.

- *Mejorar la realidad*

La proyección astral es una cosa que puede parecer intangible, pero escribirla hace que las experiencias se sientan más reales. Incluso si falla algunas veces, las fallas se sentirán reales para usted cuando las escriba. Si alguna vez ha llevado un diario de sueños, sabrá lo que se siente. Cuando escribe los sueños inmediatamente después de despertar, tienden a quedarse con usted en su subconsciente. Pero si no los registra, desaparecerán rápidamente. Así que, empiece a escribir sus experiencias, y se sentirán más reales para usted. Más importante aún, sus logros se harán más evidentes, y eso le motivará a seguir practicando.

Finalmente, asegúrese de establecer un horario para su práctica de EFC. Elija un día de la semana para practicar y asegúrese de no perderlo nunca. A medida que mejore, puede aumentar el número de veces que practique cada semana. La práctica regular es usualmente la clave para desbloquear sus capacidades de proyección astral. Por lo tanto, continúe practicando y explorando el reino astral para obtener un sentido más profundo de la iluminación y la conciencia. Después de un tiempo, puede que incluso desbloquee sus habilidades psíquicas.

Capítulo catorce: Curación con energía

Si usted planea convertirse en un proyector astral regular, debe saber cómo facilitar la curación con energía cuando sea necesario. No tiene que dominar la curación con reiki antes de que pueda curarse a sí mismo. En el capítulo uno, aprendió que el campo áurico puede comportarse mal cuando los centros de energía no están sincronizados. Esto puede afectar a su capacidad de tomar su forma astral. Cuando siente que sus centros de energía están desalineados, los maestros de la curación han demostrado cuatro técnicas esenciales para ayudar a curar y restaurar sus niveles de energía —precisamente como un sanador de energía le ayudaría a restaurar sus poderes.

- Conéctese al flujo de energía cósmica

Siempre que sus puntos de energía no se sientan sincronizados, puede conectarse al punto universal de energía para aprovechar la interminable fuente de energía y curarse a sí mismo. Una vez que haga esto, experimentará una abundancia de energía y aumentará sus vibraciones para ser más poderoso. La forma más fácil de aprovechar el flujo de energía cósmica es visualizar un cable de conexión a tierra que se extiende desde su asiento hasta el suelo para conectar con el centro de energía de la Tierra. Cuando sienta esta conexión, respire y permita que la energía pase por el mismo cable que le conecta con el centro de energía de la Tierra. Sienta el flujo de energía que sube por su cuerpo, desde sus pies hasta sus piernas, estómago, pecho, cuello, corazón y cabeza. Deje que la energía le inunde la cabeza como si estuviera bajo una cascada. Luego, visualice la lluvia de energía, haciendo su camino de regreso al suelo a su centro una vez más. Este ejercicio de visualización puede fácilmente conectar y recargar su cuerpo con la energía del centro de flujo universal.

● Limpie regularmente su aura

Si su campo energético está contaminado, drenado o desequilibrado, afecta a su aura. La energía externa puede hacer que su aura se empañe debido a la falta de un flujo de energía adecuado. Añada eso a los colores áuricos opacos, y será vulnerable la próxima vez que intente ir al plano astral. Por lo tanto, es esencial limpiar su campo áurico regularmente, para que mantenga una apariencia vibrante. Los colores opacos en el aura pueden producir una vibración baja y estática que hace imposible operar en el plano astral con una mente clara. Para limpiar su campo áurico y restaurar sus colores, siéntese en algún lugar tranquilo y junte los dedos de su mano izquierda para formar un cono. Luego, ponga los dedos del cono en el lado derecho de su cabeza, un poco por encima de la frente. Repita lo mismo con la mano derecha, pero póngalos en el lado izquierdo de su cabello. Permanezca en esta posición durante unos quince segundos y luego intercambie las manos. Espere otros quince segundos. Cada chakra, sus puntos de energía, pueden ser comparados con una luz de Navidad. Usar esta técnica significa que está conectando cada centro con el siguiente para iluminar todo su campo áurico.

• Construya un escudo alrededor de su campo energético

Cuando habla con otros o hace algo tan simple como intercambiar saludos, sin saberlo usted está participando en un intercambio de energía. Puede que haya observado que algunas personas parecen contaminar su estado de ánimo, mientras que otras lo iluminan. Esto se debe a que cada persona con la que pasa tiempo tiene su propia manera de afectar su campo de energía. Puede que no sepan que están haciendo esto. A veces, sin sospechar nada, se mete en un intercambio de energía desfavorable con la gente equivocada. Esto entonces afecta a su campo áurico y a todo lo que está vinculado a él, incluyendo su mente, su espíritu astral y su cuerpo físico. Por lo tanto, es esencial protegerse de la negatividad. Mantener un escudo alrededor de su campo energético cada vez que intercambie con la gente evitará que su campo energético sea saturado o sobresaturado por la energía negativa. Esto ayuda a preservar su energía para mantener alejados a los vampiros de la energía.

Para construir un escudo alrededor de su campo áurico, siéntese en un espacio tranquilo, y visualice una luz muy brillante de cualquier color. Deje que la luz brille desde la parte superior de su abdomen a cada parte de su cuerpo, para que sature su campo áurico. Es como poner una manta gruesa y suave sobre su cuerpo para mantenerse caliente y centrado. Esta técnica le mantendrá protegido de potenciales vampiros energéticos.

Capítulo quince: Aumente sus habilidades de clarividencia mediante la proyección astral

La clarividencia es una habilidad psíquica primaria que literalmente significa "visión clara". Esto apunta a una habilidad para ver dentro y más allá de todas las cosas. La clarividencia le permite mirar dentro del conocimiento de su alma y de otras almas que existen en el universo, incluyendo las del pasado y las que están por manifestarse. Los expertos creen que todo el mundo tiene habilidades de clarividencia, aunque el grado varía de persona a persona. Lo bueno es que la proyección astral y los viajes astrales pueden ser muy efectivos para mejorar sus habilidades clarividentes. Cuando usted visita el plano astral, hay algunos pasos que puede dar para expandir sus habilidades. Así como el ejercicio puede ayudar a desarrollar sus músculos físicos, los ejercicios de proyección astral pueden ayudar a desarrollar sus músculos psíquicos.

La práctica de la proyección astral es un momento para liberar sus miedos, incluyendo sus miedos clarividentes. De una forma u otra, puede que haya experimentado su clarividencia manifestándose de forma extraña. Sin sospechar, puede que la haya bloqueado en su subconsciente debido a que no la reconoce por lo que es. Así que lo primero que tiene que hacer es liberar sus miedos con respecto a su don mientras está en el plano astral. Mientras medita para proyectarse en el plano astral, puede simplemente afirmarse a sí mismo lo siguiente: «Dejaré ir mis miedos con respecto a mis habilidades psíquicas en el plano astral». Afirmarlo a usted mismo antes de salir lo hace mucho más fácil de hacer. Una vez que llega al plano astral o simplemente entre en su forma astral, ¿cómo lo hace posible?

- *Encuentre un lugar tranquilo en el plano astral.* Asegúrese de hacer esto en el plano astral superior para evitar ser atacado por una entidad astral inferior mientras está absorto en la tarea. Si no está en el plano superior, cree una armadura de luz a su alrededor para mantener alejadas a las entidades negativas.

- *A continuación, intente localizar la fuente de su miedo.* Hacer esto en la forma astral sería mucho más cómodo que en el plano físico, ya que su conciencia es la única cosa activa y consciente en el reino astral. Por lo tanto, debería ser más fácil navegar y buscar a través de él. Identifique la fuente del miedo.

- *Una vez que conozca la fuente, use la afirmación positiva para alejar el miedo.* Diga algo como: «Dejé ir el miedo que me impedía acceder a todas mis habilidades clarividentes».

- *Repita esta afirmación tantas veces como quiera.*

Hágalo tres veces seguidas cada vez que esté en el plano astral, y perderá su miedo a la clarividencia en poco tiempo.

Una vez que se deshaga de sus miedos, el siguiente paso es sintonizar con su chakra del tercer ojo. El chakra es uno de sus puntos de energía y es la razón por la que tiene habilidades de clarividencia. Ya que el chakra del tercer ojo es un punto de energía y el cuerpo astral es una de las capas de energía, sintonizar con su tercer ojo es usualmente más fácil en el plano astral.

En su forma astral:

• Cierre los ojos y enfoque el punto entre las dos cejas. Imagínelo como una forma ovalada horizontal entre sus ojos.

• Intente notar si el párpado de este tercer ojo está cerrado o abierto. Si está cerrado, pídale suavemente que se abra y repita la petición hasta que sienta el ojo abierto.

• Cuando el tercer ojo se abra, sentirá una ráfaga instantánea de calor en su cuerpo. Esto sucede porque abraza una parte de usted que había sido bloqueada previamente.

• Si no lo hace bien la primera vez, siga practicando hasta que lo consiga.

Recuerde que también puede hacer este ejercicio en su forma física. Sin embargo, puede que no sea tan efectivo porque está más cerca de los puntos de energía cuando está en su forma astral.

Después de abrir literalmente su tercer ojo, puede empezar a ver objetos flotantes, sombras, luces e imágenes. Estos generalmente vienen en diferentes formas: a todo color, negro, blanco, gris, realistas o de dibujos animados. Al principio, es probable que no entienda las imágenes. Para hacerlas más evidentes para usted, practique la visualización antes de empezar a usar su poder para hacer y responder preguntas específicas. Recree visualmente las imágenes en su mente y hágalas más prominentes y brillantes para verlas e interpretarlas claramente. Esto requerirá mucha de su fuerza de voluntad e intención, principalmente cuando practique en su forma astral. El plano astral es un punto de energía, lo que significa que naturalmente requiere más energía para existir en el plano. Si practica regularmente los métodos de curación con energía que se han tratado en el capítulo anterior, nunca tendrá que preocuparse de que su fuente de energía se agote en el plano astral.

Empiece a utilizar sus habilidades clarividentes para responder a las preguntas. Asegúrese de que las preguntas sean lo más específicas posible. No haga preguntas abiertas como: «¿Cómo es mi futuro?». En vez de eso, hágalas específicas como: «¿Todavía tendré esta habilidad en los próximos quince años?». Las preguntas que haga deben ser formuladas de manera que las respuestas que obtengas puedan ser decodificadas más fácilmente. Deje las preguntas generales en paz hasta que se haga más avanzado en sus habilidades. Una vez que empiece a recibir imágenes mentales, empiece a tratar de interpretarlas para que pueda saber lo que le están diciendo. Si algunas de las imágenes no significan nada para usted, utilice su tiempo en el plano astral para consultar con sus guías espirituales y otras entidades superiores para aclarar los significados de las imágenes y los símbolos. Las respuestas de su guía espiritual pueden venir a través de sentimientos, gustos, pensamientos o sonidos, tal como sucede en la sala de registros Akáshicos. No se desespere si la respuesta que obtiene parece vaga o aleatoria; es normal. Todo lo que necesita hacer es repetir sus preguntas a los seres superiores para que ellos puedan seguir respondiendo de diferentes maneras hasta que finalmente usted lo entienda.

Mientras tanto, lleve un diario de sus experiencias clarividentes. No debe escribir estas experiencias en el mismo diario que usan para su viaje EFC, tome otro diario. Mantener un diario, como ya sabe, le ayuda a monitorear su progreso. En este caso, le proporcionará una mayor comprensión de otras habilidades psíquicas que pueda poseer. Si es posible, encuentre a alguien que también tenga habilidades psíquicas y que esté en proyección astral. Pueden ayudarse mutuamente a desarrollar sus habilidades y a ser más poderosos.

No olvide meditar y practicar la visualización regularmente ya que ambas acciones pueden mejorar aún más sus habilidades de clarividencia. Además, asegúrese de compartir sus experiencias con su guía espiritual y cualquier otro ser superior en el plano astral.

Conclusión

Felicitaciones, usted está en camino de convertirse en un consumado proyector astral. Hay dos caras en el aprendizaje de la proyección astral: 1) Tener los recursos adecuados para obtener toda la información que necesita, y 2) Poner en práctica esa información.

Este libro ha cubierto casi todo sobre la proyección astral. Ha aprendido sobre las técnicas básicas y avanzadas de proyección astral y la manera correcta de ponerlas en práctica. Y lo que es más importante, ha aprendido a permanecer protegido en el reino astral. Por lo tanto, todo lo que queda es practicar y comenzar su viaje hacia la iluminación y la conciencia espiritual.

¡Disfrute de su viaje!

Segunda Parte: Sueño lúcido para principiantes

Lo que necesita saber sobre el control de sus sueños para mejorar su sueño y su creatividad

MARI SILVA

SUEÑO LÚCIDO

PARA PRINCIPIANTES

LO QUE NECESITA SABER SOBRE EL CONTROL DE SUS SUEÑOS PARA MEJORAR SU SUEÑO Y SU CREATIVIDAD

Introducción

Todos soñamos, y nuestros sueños pueden ser felices, estimulantes, excitantes, aterradores o intrigantes. Nuestra capacidad única de soñar ha sido un aspecto fascinante que la ciencia ha tratado de explorar desde los albores de la civilización. Los sueños son como las películas de acción real, que significan muchas cosas. En sus sueños, el cielo es el límite, y no hay nada que no pueda intentar o hacer. Puede ser un mago, explorar sus ideas más descabelladas y profundizar en su subconsciente.

¿Siempre recuerda sus sueños? Lo más probable es que a menudo se olvide de ellos en el momento en que abre los ojos.

Con el sueño lúcido, usted puede recordar sus sueños e incluso controlarlos. El sueño lúcido es un concepto fascinante que le enseña a ser consciente de sí mismo mientras está en el país de los sueños. Le convierte en el escritor, director, actor y productor de su propia obra. Si alguna vez pensó en explorar algunas de sus ideas pero le falta la confianza para hacerlo, el sueño lúcido le será útil. El sueño lúcido es la clave para descubrir su interior —el mundo dentro de usted— y su subconsciente. Desde explorar sus metas y fantasías hasta vivir sus sueños, puede hacerlo todo.

En este libro, aprenderá sobre los sueños y su significado, sobre el sueño lúcido, y los diferentes beneficios que ofrece. También aprenderá sobre la relación entre la proyección astral, el viaje chamánico y el sueño lúcido, algunos consejos para prepararse para aprender más sobre el sueño lúcido, y los pasos para prepararse para una mejor experiencia de sueño lúcido.

Además, descubrirá varias técnicas de sueño lúcido ideales para principiantes y algunas técnicas avanzadas también. En este libro, encontrará consejos prácticos y sencillos para explorar el paisaje del sueño lúcido, conocer a los guías espirituales y cómo protegerse durante los sueños lúcidos. En este libro se incluyen algunos consejos útiles para evitar ciertos errores en los sueños lúcidos.

Entonces, ¿está listo para aprender más sobre todo esto? ¿Está emocionado por comenzar su viaje personal al mundo de los sueños lúcidos? Si es así, ¡comencemos sin más!

Capítulo uno: ¿Qué son los sueños?

Los sueños son un misterio para nosotros, y los científicos y psicólogos los han estudiado durante mucho tiempo para tratar de entender más. Pueden parecer raros, extraños o incluso aterradores, pero sus sueños tienen un significado. Se cree que los sueños ayudan a mantener la salud física y psicológica. Hay muchas teorías sobre los sueños que afirman que los sueños tienen un propósito, pero algunas teorías afirman que los sueños pueden no tener ningún propósito. Una vez que usted aprenda a soñar lúcidamente, su percepción de los sueños cambiará.

Los psicólogos han llevado a cabo una investigación exhaustiva sobre los sueños. Sus investigaciones se remontan a principios de 1900, y han realizado análisis psicológicos de los sueños de la gente durante muchos años. Los psicólogos analizaron los sueños de sus pacientes en laboratorios de sueños y usaron la información obtenida para desarrollar sus teorías. Sigmund Freud sostuvo la primera teoría de los sueños; afirmó que los sueños solo ayudaban a la persona que los tenía a dormir bien durante la noche. Freud también creía que las personas solo tenían sueños cuando tenían hambre, tenían un impulso sexual o necesitaban usar el baño. Su teoría se contradijo más tarde cuando alguien afirmó que una persona sueña al menos cinco veces cuando está en la etapa REM (movimientos oculares rápido) de su ciclo de sueño.

Carl Jung estableció la siguiente famosa teoría. Era un ferviente seguidor de Freud, pero creía que había un propósito diferente detrás de los sueños, y rompió con la teoría freudiana para establecer una nueva teoría. Afirmaba que una persona tenía sueños para compensar las partes de su personalidad o psique total que estaban subdesarrolladas cuando estaba despierto.

Calvin Hall contradijo esta teoría con la suya propia. Para confirmar su teoría, pidió a sus estudiantes que mantuvieran un diario de sueños durante dos semanas. Creía que una persona siempre se representaría a sí misma en su sueño. Esto significaba que una persona que es introvertida cuando está despierta también lo es en sus sueños.

Otros teóricos de los sueños creen que los sueños son la solución a todos nuestros problemas. Creen que los sueños solo ocurren cuando una persona se enfrenta a un problema irresoluble en la vida. Muchos psicólogos trataron de obtener evidencia para respaldar esta teoría, y fue durante esta investigación que finalmente fueron capaces de establecer el uso de los sueños basados en diferentes creencias culturales.

¿Por qué soñamos?

Freud afirmó que toda persona era un poeta, intencionalmente o no, y que los sueños eran muy parecidos a la poesía. Los poetas usan musas o experiencias en sus vidas para escribir, y expresan sus emociones a través de poemas. De la misma manera, usted crea imágenes y situaciones en sus sueños, y cuando las combina con varios eventos en su vida, provoca una respuesta emocional dentro de sí mismo. Los sueños son historias que corren a través de su mente inconsciente o subconsciente, y Freud creía que no se basaban en la lógica. Los sueños son como las películas que protagonizan nuestras emociones, miedos, deseos y todo lo demás enterrado en el subconsciente.

Supongamos que discutió con su amigo esta mañana, y no pudo entender su punto de vista. Cuando tenga un sueño esta noche, puede que se encuentre en la misma situación, pero discutiendo de forma diferente, y tal vez haciendo entender su punto de vista bastante bien. Los sueños le ayudan a cambiar el resultado de situaciones que ya han ocurrido. Los eventos en su sueño se basan en los pensamientos y emociones de su subconsciente.

Otro ejemplo puede ser uno en el que está tomando un examen. Antes de que empiece la temporada de exámenes, puede tener muchos sueños en los que aprueba o suspende el examen. Puede que tenga ese sueño porque quiere ser el mejor estudiante o porque teme los exámenes. Cuando está muy despierto, no puede estudiar para el examen porque se preocupa cómo le irá. Esto no nos ayuda a entender por qué soñamos, pero hay cinco teorías al respecto.

Teoría uno: Respuestas de práctica

¿Alguna vez soñó con caerse de un acantilado, luchar contra un enemigo o ser perseguido por un perro? Bueno, usted no es la primera persona que tiene un sueño así. Tiende a tener tales sueños durante su sueño REM porque su amígdala cerebral, la parte de su cerebro que estimula su respuesta de lucha o huida, funciona al máximo. Antti Revonsuo, un científico cognitivo finlandés, declaró que la gente sueña solo durante su sueño REM.

Es durante el sueño REM que el cerebro trabaja como si percibiera el peligro porque la amígdala funciona al máximo. La parte de su cerebro que controla su capacidad motora también funciona al máximo, y puede que no mueva sus extremidades cuando está dormido, pero puede tener un sueño en el que está dando un paseo por la playa o luchando por su vida. Antti demostró que los sueños son su escenario, y es ahí donde su cerebro ensaya una amenaza potencial. Ensaya sus reacciones — tanto físicas como emocionales— durante sus sueños. Es por esta razón que algunas personas patean en su sueño o se despiertan llorando.

Teoría dos: Revisando los recuerdos

Su cerebro limita el número de imágenes que almacena en su memoria consciente. Si recordara cada imagen de cada evento ocurrido en la vida, su cerebro estaría obstruido con información irrelevante. El cerebro clasifica los recuerdos de la mente subconsciente e intenta identificar los recuerdos que debería almacenar y los que debería eliminar. Si quiere entender esto mejor, piense en cómo funciona la mente en la película *Inside Out (Intensa-mente)*. En esa película, un grupo de personas "vivía" dentro del cerebro, mirando sus recuerdos subconscientes y echándolos fuera cuando se volvían grises. Así es exactamente cómo funciona la mente. No existe un equipo, pero su cerebro elimina cualquier recuerdo o imagen no deseada.

De manera similar, su cerebro segrega los recuerdos a través de sus sueños. Matt Wilson, un profesor del Centro para el Aprendizaje y la Memoria del MIT, apoya firmemente esta teoría. En sus experimentos con ratas, las puso en un laberinto durante el día y monitoreó sus patrones neuronales. Wilson prestó mucha atención a sus patrones neuronales durante su sueño REM y descubrió que los patrones eran los mismos que los de las ratas que corrían por el laberinto. Afirmó que el cerebro utiliza los sueños para identificar el valor de un recuerdo. Su sueño convierte toda la información que tiene en recuerdos fuertes, ayudándole a tomar decisiones en el futuro.

Teoría tres: Soñar es desfragmentar

Cuando compra un nuevo ordenador portátil o PC, lo primero que hace es separar los discos. Crea el número de unidades que quiere en el espacio que proporciona el dispositivo. De la misma manera, su cerebro también trata de identificar la importancia de todos sus recuerdos. Francis Crick y Graeme Mitchison afirmaron que una persona soñaba para poder olvidar. Querían decir que su cerebro trata de identificar si los datos que contiene, en forma de recuerdos, son útiles o no. Intenta establecer una conexión entre sus recuerdos, intentando identificar aquellos que debe mantener en la memoria activa, y aquellos que debe trasladar a su memoria subconsciente. El cerebro utiliza este método para recorrer sus recuerdos para identificar las conexiones que son importantes y las que no lo son.

Teoría cuatro: Su psicoterapeuta personal

Ernest Hartmann, un médico de Tufts, propuso que los sueños nos ayudan a enfrentarnos a esas emociones que nos negamos a reconocer. Se centró en lo que la gente aprende cuando sueña. Afirmó la teoría de que su cerebro usa imágenes y una secuencia de eventos para ayudarle a enfrentar esas emociones que su mente consciente tiene miedo de mirar. Cuando usted sueña, trata con todas sus emociones difíciles en un lugar seguro, que es similar a la psicoterapia. Puede considerar los sueños como sus terapeutas, y su cama es el sofá terapéutico. Observa todas sus emociones y pensamientos, y deja que su cerebro le diga lo que debe hacer para prevenir un desequilibrio emocional. A través de sus sueños, aprende a aceptar ciertas verdades que nunca hubieras podido aceptar conscientemente.

Teoría cinco: Ningún significado en absoluto

Mencionamos antes que algunas personas ahora creen que no hay significado para sus sueños. Los teóricos modernos argumentan que el cerebro dispara imágenes al azar, y algunas de estas situaciones pueden no tener nada que ver con algo que ocurrió cuando estabas consciente. Sus sueños son como una película en la que usted es el héroe, y la historia no depende de su vida.

Algunos hechos

¿Alguna vez ha experimentado algún sueño aterrador, raro, fascinante, excitante y divertido? Bueno, todos hemos experimentado una variedad de sueños, pero puede que no recordemos la mayoría de ellos. Antes de que aprendamos a ver cómo puede recordarlos, veamos algunos hechos interesantes sobre los sueños.

Todo el mundo sueña

Sí, todo el mundo sueña, incluyendo hombres, mujeres, bebés e incluso animales. La gente que dice que duerme sin sueños está equivocada. Ellos también sueñan, pero no los recuerdan cuando se despiertan. Los psicólogos creen que hay suficientes pruebas para demostrar que todo el mundo sueña, y una persona puede tener más de diez sueños cada noche. También descubrieron que cada sueño dura solo diez minutos, pero es posible que algunos sueños duren más de cuarenta y cinco minutos. A lo largo de la vida, la persona promedio soñará durante un total de más de seis años.

No puede recordar todos sus sueños

¿Alguna vez ha tenido este maravilloso sueño y ha querido recordarlo por la mañana? Puede que se haya dicho a sí mismo que lo recuerde durante el sueño o en un momento de vigilia inmediatamente después, pero se despierta por la mañana con solo la sensación de que ha olvidado algo maravilloso. Allan Hobson, un investigador de sueños, declaró que usted olvidó cerca del 95 por ciento de sus sueños unos minutos después de despertar. Escaneó los cerebros de sus sujetos mientras dormían, y encontró que el lóbulo frontal del cerebro, esencial para almacenar la memoria, estaba inactivo cuando estaban soñando.

Puede que tenga colores en sus sueños

Muchos psicólogos creen que al menos el ochenta por ciento de sus sueños tienen muchos colores. Algunas personas afirman que solo sueñan en blanco y negro. Pero si despertara a alguien durante su sueño REM y le pidiera que elija un color que acaba de ver en su sueño, elegiría cualquier color que no sea blanco o negro.

Puede controlar sus sueños

Eso suena fascinante, ¿verdad? La gente puede usar varias técnicas de sueño lúcido para controlar sus sueños. Cuando domine esta técnica, será consciente de que está soñando, aunque esté dormido. Los psicólogos creen que al menos cinco de cada diez personas han tenido sueños lúcidos, pero no son conscientes de ello. Hay bastantes individuos que tienen sueños lúcidos frecuentes. El concepto de sueño lúcido se trata en detalle más adelante en el libro.

Los sueños pueden paralizarle

Durante el sueño REM, la parte del cerebro que se ocupa de las funciones motoras está latente. Puede que haya tenido un sueño en el que le perseguía un perro y se despertó aterrorizado. Puede que haya querido mover sus músculos para salir del sueño, pero le resultó difícil o incluso imposible. Esto se llama parálisis del sueño, y no es permanente. Puede sentirse paralizado incluso después de despertar, pero esta sensación no dura más de diez minutos. Puede que haya habido sueños en los que agitaba los brazos y gritaba, o sentía su aliento atrapado en la garganta. Durante la parálisis de los sueños, ninguna de esas acciones ocurre realmente.

Interpretación de los sueños

Carl Jung es uno de los padres fundadores de la interpretación de los sueños, y creía que los sueños eran como una ventana a su mente inconsciente. Jung afirmaba que cuando una persona soñaba, identificaba diferentes soluciones a los problemas que había enfrentado o podría enfrentar cuando estuviera consciente.

Jung era un ardiente seguidor de Freud, pero no estaba de acuerdo con sus teorías y comenzó a investigar la interpretación de los sueños. Dijo que solo el soñador podía interpretar sus sueños. Dijo que ciertos símbolos comunes podían ser interpretados, pero que solo el soñador podía interpretar los otros símbolos que eran únicos para él. Hay diccionarios de sueños que describen el significado de los objetos que se encuentran frecuentemente en los sueños. La siguiente sección de este capítulo le ayuda a identificar cómo puede interpretar sus sueños.

¿Sus sueños tienen un significado oculto?

Cuando tenga un sueño, primero pregúntese si ese sueño tiene algún significado para usted. Si es así, deberá preguntarse si el sueño tiene algún significado para este.

¿Alguna vez ha tenido un sueño en el que se cae de un acantilado? Puede que se haya caído de la cama al mismo tiempo. Su subconsciente le está transmitiendo un mensaje en forma de sueño, diciéndole que se está cayendo de la cama. Los sueños relacionados con el entorno físico en el que está tienen poco o ningún significado oculto. Por ejemplo, si usted tuviera un sueño en el que se hace un ruido fuerte, puede que no tenga un impacto drástico en su vida porque es solo un reflejo del hecho de que pasa un camión ruidoso, o hay un trueno en la distancia. Su mente subconsciente a menudo incorpora los acontecimientos de su entorno físico inmediato en sus sueños. Por ejemplo, puede oír el timbre de la puerta sonando en su sueño. En realidad, el monitor del bebé podría estar zumbando. Su subconsciente le envía un mensaje pidiéndole que se despierte debido al ruido.

¿Ha tenido alguna vez una pesadilla después de ver una película de terror? Las emociones y el miedo que ha experimentado mientras veía la película se pueden traducir en sus sueños. Por eso, las circunstancias externas que provocan una cierta respuesta emocional por su parte tienen un fuerte y profundo impacto en sus sueños.

Ciertos elementos se encuentran a menudo en los sueños de la mayoría de las personas. Estos sueños provocan una amplia gama de emociones, y pueden ser interpretados fácilmente.

Sueños comunes y su interpretación

Los sueños más comunes que cada individuo ha tenido en numerosas ocasiones se discuten a continuación. Independientemente de que se pierda o se caiga, cada sueño transmite un significado específico.

Sueños de caídas

Los sueños de caídas son muy comunes. Son sueños memorables. Estos sueños indican que tiene miedo de perder o dejar ir. También indican que está ansioso por fracasar después del éxito.

Sueños de desnudez

Hay momentos en los que podría haber tenido sueños en los que le resultaba difícil cubrirse por completo. Si ha tenido este sueño, demuestra que tiene miedo de permitirse acercar a alguien. Usted es vulnerable cuando se expone a los demás.

Sueños flotantes

En estos sueños, se encuentra convirtiéndose en ingrávido y volando por el mundo que su sueño ha creado. Tales sueños simbolizan un profundo deseo de libertad.

Peligro

Estos sueños comúnmente tienen un peligro que podría estar acercándose a usted. Normalmente se siente impotente, ya que no puede moverse. Estos sueños pueden ser indicadores de que hay un peligro que puede venir en su camino. Le ayudan a identificar una solución a través de su sueño.

Persiguiendo sueños

Los sueños en los que un perseguidor conocido o desconocido le persigue indican que se siente amenazado en la vida.

Sueños de examen

Este sueño es a menudo considerado como un sueño reflejado. En estos sueños, normalmente se sueña con ser examinado. Estos sueños significan autoevaluación. Las preguntas del examen están comúnmente relacionadas con varios aspectos de su personalidad.

Los sueños comunes son un tema fascinante para los investigadores. Han descubierto que todos los seres humanos, incluso los de culturas diferentes, han experimentado una variedad de estos sueños. Algunos psicólogos tienen la teoría de que los seres humanos tienen estos sueños comunes debido a las interacciones que tienen con otras personas regularmente.

Cómo analizar sus sueños

El mayor mito sobre el análisis de los sueños es que hay reglas que deben ser seguidas palabra por palabra. Esto es, sin embargo, falso, ya que cada persona es diferente. Jeffrey Sumber, un psicoterapeuta clínico, dijo que un sueño solo puede ser entendido cuando un individuo se entiende mejor a sí mismo. Sin embargo, hay ciertas pautas que se pueden seguir para facilitar la comprensión y el análisis de los sueños.

Mantenga un registro de sus sueños

El primer paso para analizar sus sueños es tomar nota de ellos. Sumber también dijo que cuando anota sus sueños, está sacando el contenido de su inconsciente. Si siente que no puede recordar un sueño, lleve un diario al lado de su cama y escriba una nota que diga, "No hay sueños que registrar". Notará que en un lapso de dos semanas, ¡empieza a recordar sus sueños!

Identifique sus emociones en el sueño

Hágase preguntas. Identifique si estaba asustado, arrepentido o feliz en el sueño. ¿Están esos sentimientos latentes o activos cuando se despierta por la mañana? La pregunta final debería ser si se sintió cómodo o no con esos sentimientos.

Identifique los elementos de su sueño

Puede aparecer en sus sueños de múltiples maneras. Encontrará una clara distinción entre usted y sus personajes en el sueño. También tendrá que entender sus emociones hacia sus personajes en sus sueños. Pueden ser elementos recurrentes en sus sueños. Tome nota de ellos y preste mucha atención a ellos mientras interpreta su sueño.

¡Usted es el experto!

Ahora tiene un número de sueños escritos. Cuando empiece, puede usar un diccionario de sueños, que le ayudará a identificar el significado de cada elemento de su sueño. Pero debe recordar que usted se conoce mejor que nadie. Así que deje que su subconsciente le guíe para ayudarle a entender e interpretar sus sueños. Obtendrá mucha información sobre los recuerdos almacenados en su inconsciente.

Usando las diferentes guías discutidas en esta sección, puede obtener una mejor comprensión de sí mismo y de las razones de sus sueños.

Capítulo dos: Sueño lúcido

¿Alguna vez ha tenido un sueño en el que usted es un mago o un pájaro? ¿Ha soñado que estaba volando por las nubes y disparando por el cielo como Superman? ¿Ha imaginado alguna vez unas vacaciones en una isla del Caribe? Recuerda cualquier sueño que sea uno de sus favoritos; ¿lo encontró menos agradable porque era un sueño? No, disfrutó cada parte de él. Ahora, ¿cómo se sentiría si pudiera controlar sus sueños?

Como se mencionó en los capítulos anteriores, el sueño lúcido es el método por el cual un individuo es consciente de que está soñando. Si una persona está en un sueño lúcido, puede ejercer el poder del sueño. Puede cambiar la dirección del sueño y también cambiar los objetos y entidades en el sueño. Por ejemplo, si usted está en un sueño lúcido, y su entorno es su dormitorio, puede hacer que su cama vuele. Puede crear un universo completamente diferente detrás de la puerta de su dormitorio. Es como si estuviera escribiendo su propio cómic. Puede crear su propio escenario en sus sueños y ensayar para una obra de teatro o para una confrontación que podría tener al día siguiente.

Historia del sueño lúcido

La antigua práctica del yoga nidra ayuda a los soñadores a ser más conscientes de lo que están soñando. Esta era una práctica común de varias personas que seguían las tradiciones budistas. Algunos textos también muestran que el sueño lúcido era una técnica practicada en la antigua Grecia. Por ejemplo, Aristóteles, el famoso filósofo griego, dijo: "A menudo cuando uno está dormido, hay algo en la conciencia que declara que lo que entonces se presenta no es más que un sueño". También se creía que Galeno, un médico de Pérgamo, pedía a sus pacientes que usaran esta técnica para ayudarles a superar diferentes problemas y situaciones de la vida.

Los sueños lúcidos se remontan al año 415 d. C. Los investigadores encontraron la mención del Doctor Gennadius, un soñador, en una carta escrita por San Agustín que habla sobre el sueño lúcido.

Sir Thomas Browne, un famoso médico y filósofo también hizo lo posible por entender los sueños, ya que le fascinaban. También probó la técnica del sueño lúcido y escribió sus aprendizajes en el libro *Religio Medici*. Declaró que "...pero en un sueño puedo componer toda una comedia, contemplar la acción, aprehender las bromas y reírme despierto de sus presunciones".

Otro famoso filósofo, Samuel Pepys, escribió en su diario de sueños: "Tenía a mi Lady Castlemayne en mis brazos y fui admitido para usar todo el flirteo que deseaba con ella y luego soñé que no podía estar despierto, sino que era solo un sueño".

Marie-Jean-Léon, el marqués de Hervey de Saint Denys, publicó su libro "Les Rêves et Les Moyens de Les Diriger, Observations Pratiques (Los sueños y las formas de dirigirlos; observaciones prácticas)" de forma anónima. En este libro describió la técnica y también cómo se sintió cuando empleó esta técnica en sus sueños. También declaró que la gente podía despertar en sus sueños y aprender a cambiar la forma de responder a las diversas situaciones en el sueño. Era conocido como el padre del sueño lúcido.

Frederik (Willem) van Eeden, un escritor y psiquiatra holandés, escribió un artículo, "Un Estudio de los Sueños", donde hablaba sobre el sueño lúcido; fue en este artículo que acuñó este término. Algunos psicólogos consideran que "sueño lúcido" es un nombre equivocado, ya que creen que van Eeden hablaba de algo diferente a un sueño lúcido. A juzgar por sus otros trabajos, van Eeden quería que la gente tuviera más control sobre sus sueños, y por eso usó la palabra "lúcido".

Beneficios del sueño lúcido

Ahora que usted sabe lo que es el sueño lúcido, veamos algunos beneficios de esta técnica.

Usted se vuelve más consciente

Según el diccionario Merriam Webster, la lucidez es ser más consciente. Solo cuando usted extiende la conciencia a su estado de sueño se hace consciente de cada evento o situación que ocurre en su sueño. Es importante entender que esta conciencia es solo un reflejo de su sensibilidad a los diversos recuerdos y pensamientos de su mente. Cuando usted es consciente de lo que sucede en sus sueños, se hace consciente de la diferente información almacenada en su cerebro. El sueño lúcido es una técnica en la que manifiesta su conciencia tanto en su subconsciente como en su mente consciente. Hay mucho que puede mejorar cuando usted es más consciente de esta información.

La mayoría de las personas están perdidas en sus emociones y pensamientos a lo largo del día, y tienden a actuar en base a ellos. Esto es exactamente lo que sucede cuando está perdido en un sueño. Cuando está lúcido durante un sueño, comienza a enfocarse en varios aspectos de su sueño y los relacionas con los pensamientos y emociones almacenados en , su mente

---

subconsciente. Este es un cambio significativo en su proceso de pensamiento, ya que ya no reacciona a una situación basada en sus emociones o pensamientos, sino que se relacionas con ellos directamente debido a su cognición.

Usted está en un mejor control

Cuando usted es consciente de todo lo que pasa en su mente, no sucumbe a sus emociones y pensamientos. Esta técnica no solo se trata de controlar todo lo que sucede en su sueño, sino que en realidad se trata de aprender a controlar la forma en que responde a diversas situaciones. Cuando tiene este control, puede controlar sus respuestas y reaccionar responsablemente a sus pensamientos y emociones. Ya no reacciona instantáneamente a cualquier situación, sino que puede centrarse en varios aspectos de la situación antes de responder a ellos. Esta es una mejor manera para usted de lidiar con situaciones difíciles en la vida.

Prevención de las pesadillas

Cuando usa esta técnica durante una pesadilla, puede decirse a sí mismo que solo es un mal sueño y no algo que ocurre en la realidad. También puede cambiar el sueño, para que ya no sea una pesadilla. Si no puede hacer esto último, puede desafiarse a sí mismo y cambiar la forma de relacionarse con las diversas situaciones que suceden en el sueño. Solo puede hacerlo porque sabe que el sueño no es real.

Se vuelve más creativo

Cuando tiene sueños lúcidos, puede controlar cómo progresa el sueño. Cuando usted es más consciente de un sueño, puede buscar diferentes maneras de cambiar el sueño. Esto ayuda a explorar lo poderosa que es su mente y cómo puede usarla para ayudarse a cambiar su situación. Si un perro le persigue en su sueño, puede cambiarlo por un cachorro. También puede cambiar la situación en la que el perro ya no le persigue, sino que solo le olfatea, y usted puede acariciarlo.

Los sueños lúcidos le ayudan a cambiar su forma de pensar. Puede tomar lo que aprende de sus sueños lúcidos y aplicarlo a su vida diaria. Pronto aprende a cambiar las emociones o pensamientos negativos en buenos. También puede aprender a cambiar su estado de ánimo, para que esté más alegre y feliz, ya que finalmente sabe que usted crea sus experiencias.

Tiene opciones poderosas

Cuando tiene sueños lúcidos, aprende que puede elegir cómo quiere tratar sus pensamientos y emociones. Puede elegir ser testigo de sus sueños, donde deja que el sueño se desarrolle pero no cambia ningún aspecto de él, o puede cambiar algunas partes de él. Lo primero es como ver una película, mientras que lo segundo le permite cambiar el final de la película. Independientemente de lo que elija hacer, aprenderá que tiene una opción. Una vez que lo sepa, sabrá que puede elegir cómo responder a varias situaciones. ¿Se encuentra enfadado con alguien en el trabajo o en casa? Bueno, usted está eligiendo sentir eso. Puede cambiar la forma en que responde a la situación, cambiar la forma en que se relaciona con las cosas, controlar sus pensamientos y emociones, y finalmente controlar su vida.

A través del sueño lúcido, puede determinar la forma en que trabaja con sus emociones y pensamientos. Esta técnica le ayuda a entender que usted trabaja constantemente con su mente. Puede cambiar la manera en que responde a varias situaciones en su vida cuando aprende a trabajar con situaciones similares en sus sueños. Puede usar las ideas o aprendizajes de los sueños lúcidos, aplicándolos a situaciones cotidianas de su vida. Solo cuando aprende a centrarse en sus sueños es cuando aprende a estar más despierto en la vida.

Capítulo tres: Sueño lúcido y proyección astral

La mayoría de la gente tiende a usar la proyección astral y el sueño lúcido indistintamente, ya que creen que son la misma cosa. Es importante entender que estos dos son fenómenos o experiencias completamente diferentes. La diferencia más importante entre ambos es que el sueño lúcido solo ocurre en un sueño, mientras que la proyección astral ocurre en el mundo astral, que es una dimensión que no forma parte del mundo físico. Otra diferencia que hay que señalar es que la proyección astral se considera una experiencia real mientras que el sueño lúcido no lo es. Este último es solo un fenómeno en el que se es más consciente de lo que está sucediendo en el sueño, mientras que el primero es donde la persona experimenta su conciencia en el ámbito astral.

Cuando usted intenta la proyección astral, separa su conciencia de su cuerpo físico. Su conciencia entonces viaja a un plano diferente donde reside su cuerpo astral. Nunca es fácil hacer algo así, y es por esta razón que la mayoría de los practicantes utilizan ritmos específicos, conocidos como ritmos binaurales, para ayudarles a entrar en esta proyección.

Lo que debe entender es que ya existe un plano astral. Su conciencia solo está visitando ese plano, y por lo tanto, no puede cambiar o manipular nada en ese entorno. Tampoco puede cambiar la forma en que otras personas reaccionan o se comportan en ese plano. La mayoría de la gente cree que las proyecciones astrales son similares a las experiencias cercanas a la muerte, ya que su alma deja el cuerpo para moverse a una dimensión diferente. Las personas que practican la proyección astral a menudo se encuentran mirando hacia abajo a sus cuerpos físicos. Algunas personas experimentan este fenómeno cuando se encuentran en situaciones cercanas a la muerte.

Si se quiere entender mejor estas experiencias, es importante aprender las diferencias fundamentales entre los fenómenos.

En el sueño lúcido,

- Solo se experimenta un sueño

- No está consciente

- Puede estar donde quiera estar (por ejemplo, el océano, el hogar de su infancia, el desierto, etc.)

- Puede cambiar todo en su sueño, incluyendo los personajes y el entorno

- Su alma o conciencia no abandona el cuerpo

- Al final de la experiencia, se encuentra despierto

En la proyección astral,

- Está completamente despierto, y separa o proyecta su alma de su cuerpo físico

- La experiencia comienza donde está actualmente (por ejemplo, su dormitorio, oficina, sala de estar, el parque, etc.)

- Su cuerpo no tiene conciencia, ya que lo ha separado del cuerpo

- Nunca se puede cambiar la forma en que otras personas o habitantes del plano astral reaccionan a una situación

- Es fácil manipular ciertas partes de este entorno

- Cuando quiere terminar o acabar la proyección astral, su conciencia regresa al cuerpo físico

¿Es necesario el sueño lúcido para la proyección astral?

No tiene que aprender la técnica del sueño lúcido si quiere proyectar su conciencia desde su cuerpo físico. Puede aprender a proyectar su conciencia desde su cuerpo sin aprender a mantener la lucidez en un sueño. Mucha gente puede separar su conciencia de su cuerpo simplemente acostándose en su cama. Cuando se aprende la proyección astral, se puede proyectar la conciencia de su cuerpo en el cine, en un restaurante, o incluso cuando se está en el trabajo. Dicho esto, si puede mantener la lucidez en un sueño, se hace más fácil para usted aprender a proyectar su conciencia.

Como se mencionó anteriormente, algunas personas pueden proyectar su conciencia simplemente recostándose en la cama y cerrando los ojos. Otros pueden haber hecho esto sin darse cuenta de que están proyectando su conciencia fuera de su cuerpo, y pueden tener miedo de haber muerto. Pueden estar de pie junto a su cuerpo y preguntarse qué les ha pasado. Es una situación extraña, pero puede forzar a su conciencia a volver a su cuerpo. El miedo a la muerte le inclinará naturalmente a hacer esto.

Usar el sueño lúcido para iniciar la proyección astral

Es muy difícil dominar el arte del sueño lúcido. Si quiere mantener la conciencia o la lucidez en un sueño, debe asegurarse de tomar una decisión incluso cuando está dormido. Esto es algo que debe desarrollar si quiere proyectar conscientemente su conciencia en el plano astral. Si quiere separar su conciencia de su cuerpo físico, debe aprender a mover su conciencia o empujarla fuera de su cuerpo físico. Solo cuando la empuja hacia fuera puede moverla al vehículo astral, que también se conoce como cuerpo astral. Cuando separa su conciencia de su cuerpo físico, la empuja dentro de su cuerpo astral o fantasmal. Cuando domina el sueño lúcido, aprende a mantener su mente activa y consciente incluso cuando su cuerpo está durmiendo.

¿Qué es la proyección astral?

La forma más fácil de separar la conciencia de su cuerpo físico es aprender cómo funciona el sueño lúcido. Este libro le ayudará a aprender varios aspectos del sueño lúcido y lo que puede hacer para facilitarlo. Una vez que domine esta técnica, úsela como base para ayudar con la proyección astral. Cuando empiece a concentrarse en la proyección astral durante el sueño lúcido, puede que se encuentre paralizado durante unos segundos o minutos cuando se despierte. Su cuerpo solo hace esto para protegerlo en su vida despierta, y ayudar a su mente a determinar si está en un sueño o en un estado de vigilia. Cuando su cuerpo está en este estado, debe tratar de estirar o empujar su cuerpo astral lejos de su cuerpo físico. Cuando haga esto, sentirá que su conciencia o alma se está alejando de su cuerpo. No tenga miedo cuando esto ocurra, ya que así es como su cuerpo debería reaccionar.

Entendamos la proyección astral usando una analogía. Durante el invierno, usted sale de casa llevando varias capas de ropa y térmicas que se pegan a su cuerpo para darle calor. Cuando regresa a casa, se quita las capas de ropa y finalmente se estira de las térmicas. Cuando intenta la proyección astral, nota que su conciencia está tratando de estirarse lejos de su cuerpo físico, de manera muy similar a las térmicas.

Mucha gente cree que es fácil para ellos expulsar su conciencia de sus cuerpos. Creen que pueden tener una conciencia dual, y simplemente salir o moverse fuera de su cuerpo físico, pero esto no es lo que sucede. Si proyecta con éxito su alma o conciencia de su cuerpo físico y mira hacia atrás donde estaba hace unos momentos, ve que su cuerpo sigue en el sofá o en la cama. No siente que todavía está acostado, o que está en un sueño. Finalmente está despierto y está de pie junto a su cama.

Cuando se encuentra en esta situación, no puede sentir su cabeza en la almohada. Solo ve su cuerpo en esa posición. Si alguien le tirara del brazo, podría sentirlo incluso cuando ha proyectado su conciencia desde su cuerpo. Su cuerpo tiene un cordón que lo conecta a su alma o proyección astral, y lo usa para asegurar que regreses a salvo a su cuerpo. Su cuerpo querrá jalar su conciencia o alma de vuelta a él rápidamente cuando vaya al astral las primeras veces.

Cuando vaya al astral, intente empujar su alma tan lejos de su cuerpo como pueda, para que su cuerpo no pueda tirar del alma de vuelta a él. Si está listo para volver a su cuerpo, solo debe concentrarse en ese pensamiento, y su cuerpo tirará del alma de vuelta a él. Si se encuentra en situaciones terribles, puede usar la ayuda de los espíritus para guiarle de vuelta a su cuerpo.

Algunas cosas que debe saber

Hay momentos en los que puede tener un sueño lúcido, seguido de una sensación o sentimiento de que está separando su conciencia de su cuerpo físico. Debe entender que esto no es una proyección astral. Esto es solo un sueño. Si George Clooney o Julia Roberts están en su proyección astral, debe recordar que está soñando. Hay momentos en que no puede salir completamente de su cuerpo incluso cuando tiene una proyección astral, y esto puede ser muy frustrante. Si sus pensamientos no son lo suficientemente fuertes, y no puede concentrarse en empujar su conciencia fuera de su cuerpo, puede pasar muy rápidamente a un sueño lúcido. Esto no es una proyección astral, aunque puede ser una gran experiencia.

Algunas personas sienten que han experimentado la proyección astral pero no al abandonar sus cuerpos. Lo que sucede es que puede hacer que su cuerpo vibre a una frecuencia diferente que le facilite sentir el plano astral, pero su cuerpo astral no se estira. Esto puede haberle ocurrido a muchas personas que intentaron la proyección astral. Está en el plano astral, pero su conciencia no va a ninguna parte; está conectada a su cuerpo físico. Cuando hace esto, puede atraer algunas emociones, entidades o pensamientos negativos que le absorberán la energía, y esto es algo que usted no quiere.

En otros casos, puede resultar fácil separar el alma o el cuerpo astral del cuerpo físico, con la ayuda de algunas energías o entidades. Si conoce a alguien que pueda proyectar su alma o conciencia desde su cuerpo, pídale que le ayude en el proceso. Es una técnica muy complicada, y necesita tener algún entrenamiento o ayuda.

Capítulo cuatro: Sueños lúcidos y viajes chamánicos

Las definiciones de viaje chamánico y sueño lúcido varían según la cultura, y a veces de la resistencia basada en experiencias personales. Como ha leído antes, los conceptos y técnicas del sueño lúcido llegaron a existir hace miles de años. Muchas culturas indígenas todavía usan el concepto de sueño lúcido como una forma de terapia y lo practican regularmente. Los expertos creen que el sueño lúcido es una forma de terapia chamánica, un método utilizado por adivinos, curanderos y sanadores para acceder a las energías, la información y el conocimiento. Esto significa que el sueño lúcido no es un concepto fundamental por sí mismo, sino la tecnología o la base de varios métodos chamánicos.

Los conquistadores de la conciencia

Esto es extremadamente diferente de cómo la gente hoy en día aprende sobre el sueño lúcido. Se dice que el sueño lúcido es una técnica que se utiliza cuando se quiere satisfacer sus fantasías, buscar placer o entretenerse. No hay nada malo con esta definición de sueño lúcido, pero es una definición muy limitada. Muchas compañías que fabrican máquinas de sueño lúcido a menudo usan esta definición para atraer clientes y aumentar sus ventas. Le dicen a la gente que pueden buscar placer a través del sueño lúcido, y esto hace que la gente compre esas máquinas para saciar sus antojos.

Es desafortunado que la gente crea que puede lograr lo que quiera en sus sueños, ya que es solo un sueño, después de todo. El objetivo de cualquier negocio que trabaje en esta industria es aprovechar el ego del comprador. De acuerdo con la civilización occidental, es nuestro noble derecho tomar todo lo que queremos, porque nuestros deseos son lo más importante. La gente es egoísta, y cuando fantasean con sus sueños, encuentran una manera de calmar sus egos. Usan sus sueños para conseguir todo lo que quieren pero que no pueden conseguir en la vida real.

Mucha gente cree que un sueño es un bosque esperando ser saqueado. Aquellos que creen que sus sueños tienen algún significado encuentran más fácil utilizar ese significado en su vida despierta. Sigmund Freud creía que la gente usaba la interpretación de los sueños solo para satisfacer o calmar su ego. Carl Jung, sin embargo, afirmaba que la gente podía perforar su mente subconsciente durante sus sueños, aunque esto puede dañar su mente consciente.

El objetivo de una técnica de sueño lúcido es explorar su sueño, manipular o cambiar el sueño, y conquistar sus pensamientos y emociones. El sueño lúcido le coloca a usted, el soñador, en el centro de su sueño. Ya que es el creador de su paisaje, puede cambiarlo todo. Conquista su conciencia y encuentra un equilibrio entre su subconsciente y su mente consciente.

Los efectos negativos del sueño lúcido

La película "The Men Who Stare at Goats" representa vagamente algunos de los principios que hemos discutido, retratando un escenario en el que el ejército de los EE. UU. trató de desarrollar la visión remota basada en psique para identificar o detectar objetivos.

La película "Inception" (El Origen) retrata un escenario en el que los militares asignaron un grupo de trabajo para identificar lugares, objetivos y personas utilizando el sueño lúcido.

Todo este trabajo fue una vez clasificado, pero ahora está disponible en la base de datos del ejército de los EE. UU. Fue en 1995 que el ejército de los EE. UU. decidió que no había manera de que la visión remota pudiera ser utilizada para lograr los mejores resultados. Varios programas, como Gondala Wish, Sunstreak y Stargate, tuvieron cierto éxito con la visión remota. Dale Graff, el anterior jefe de Stargate, explicó el proceso en su libro "Tracks in the Psychic Wilderness" (Huellas en el desierto psíquico), y mencionó cómo el equipo localizó un avión ruso utilizando la visión remota.

Esto significa que usted debe ser consistente con su práctica si quiere mantener la lucidez cuando sueña. Necesita tener una imaginación activa, pero no tiene que trabajar con ningún poder o energía superior. El chamanismo es una práctica diferente, ya que los curanderos y sanadores usan diferentes energías y poderes para competir entre ellos. También usan diferentes hechizos y hierbas. El sueño lúcido no es muy diferente del chamanismo. Robert Waggoner, un psicoterapeuta, señaló que uno puede usar el sueño lúcido para meterse en los sueños de los demás, y no se necesita ninguna máquina o herramienta para hacerlo.

El surgimiento de la espiritualidad

La mayoría de la gente cree que los sueños lúcidos se usan para estabilizar el sueño del soñador. Los sueños lúcidos, sin embargo, también pueden desestabilizar el control del soñador, y hay veces en que el sueño puede abrir puertas a otros mundos. No se puede evitar que una pesadilla sea incontrolablemente mala, aunque se mantenga la lucidez durante el sueño. Cuando se enfrenta a estos espíritus oscuros y se centra en su mente inconsciente, puede desatar su espiritualidad. La Asociación Americana de Psiquiatría ha listado la emergencia espiritual como una categoría de diagnóstico y afirma que puede conducir tanto a la angustia espiritual como a la existencial si no se controla correctamente. Usted puede tener tales sueños cuando está bajo estrés o coacción, y también cuando no está seguro de adónde le llevará la vida cuando pase de un papel a otro. Scott Sparrow, un psicoterapeuta, declaró que el miedo que algunas personas experimentan cuando tienen sueños lúcidos les ayuda a controlar sus sueños, y por lo tanto es un adversario necesario.

Muchas personas han tenido terribles calambres y otras dolencias físicas después de practicar el sueño lúcido. Metafóricamente, se puede decir que estas personas tuvieron problemas para digerir sus sueños lúcidos, y por lo tanto sintieron dolor. Ken Kelzer, un psicoterapeuta y soñador lúcido, también habla de sus síntomas psicológicos y físicos negativos después del sueño lúcido. Detalló sus experiencias en su libro, "El Sol y la Sombra". Si usted es serio acerca de los sueños lúcidos, debe hacer lo mejor para asegurarse de crear el entorno y el ambiente adecuado para sus sesiones de sueño.

Hágase las siguientes preguntas:

- ¿Es el espacio en el que estoy trabajando seguro para esta práctica?

- ¿Hay algún momento específico en el que debería practicar el sueño lúcido?

- ¿Puedo pedirle a alguien que me ayude con esta práctica?

Cómo iniciarse

A estas alturas, puede que haya comprendido que soñar lúcidamente no es fácil, y cuando se permite ser consciente de que está en un sueño, debe aprender a encontrar el equilibrio entre el control que puede ejercer y su conciencia. Esta es la única manera en que puede encontrarse con las diversas fuerzas y entidades en el reino espiritual. Es mejor mirar su sueño como una iniciación privada.

Algunas personas también tienen sueños terribles en los que se encuentran lúcidos. Pueden soñar con la muerte, el dolor y la pena, y pueden ver cadáveres, demonios, fantasmas o fuego. Estos son análogos a los diferentes sueños de iniciación que la gente tiene cuando practican rituales chamánicos. Los etnógrafos creen que estos sueños ayudan a un individuo a expresar su esencia y le ayudan a conectarse con otras energías del mundo. El siguiente es un ejemplo de un sueño lúcido tomado del libro "Parálisis del sueño: Guía del soñador".

"Estaba leyendo cuando noté que la pared (a unos 6 pies del final de mi cama) comenzó a tambalearse. Mi cuerpo estaba paralizado, incapaz de moverse. Mi respiración era como inexistente, aunque necesitaba desesperadamente más aire. De repente, se abrió en un vacío negro, como un agujero negro de 3 metros, vagamente con la forma de una figura. «Oh, Dios mío», pensé, «Estoy soñando. Esto no puede ser verdad». El agujero negro rezumaba en la habitación. Estaba más allá del terror. Todavía no entiendo cómo mi corazón no se derrumbó. La oscuridad comenzó a moldearse en una forma reconocible. Se convirtió en un diablo japonés de 9 pies de alto o un Samurai de aspecto diabólico. Con una sonrisa maliciosa, dijo: «No estás soñando. Pensaste que podrías 'integrarme'». Entonces, en un movimiento de barrido, extendió su enorme mano negra, me agarró, me metió en su boca roja como la sangre y me tragó. Entonces caí en la inconsciencia por un momento; ahora, un vórtice me arrastró hacia un abismo sin dimensiones. De repente, me escupió de nuevo en su mano. De alguna manera, me había cristalizado en un rubí rojo. Era un rubí; me sentía como un rubí. Así que, allí estaba yo, en la gran mano de un gigante, mirándolo, y él me está mirando. En ese momento de vernos, algo sucedió. Nos miramos, nos hicimos realmente conscientes el uno del otro, y entonces, hubo amor. Sé de lo que los místicos hablan o no pueden hablar. Está el creer, y luego, está el saber".

Si usted lee el sueño de la iniciación cuidadosamente, sabe que el demonio en el sueño se burló del paradigma del individuo. James Hillman, un psicólogo profundo, sugirió que la figura de su sueño no es solo una representación de lo que usted es. Es una representación de todo su ser. En el sueño anterior, el soñador se entregó al demonio y murió. Cayó en un abismo y renació con una nueva comprensión de la vida.

La revolución del sueño lúcido

La gente a menudo usa el control de los sueños como un medio para rendirse. Esto les ayuda a aprender a vivir en el presente y seguir la corriente. La mayoría de la gente usa la tensión entre trabajar con lo desconocido y mantener la conciencia en un sueño para ayudarles a conectarse con su mente subconsciente. Esto les ayuda a mantener la lucidez por períodos más largos en sus sueños. Es de suma importancia ahora para los soñadores aprovechar la energía y la sabiduría de nuestros antepasados para entender los diversos acontecimientos que tienen lugar en el mundo. Esta sabiduría puede ayudarnos a entender mejor nuestras comunidades y a evaluar los efectos de la economía en el medio ambiente y la civilización.

Lee Irwin, un famoso antropólogo, habló de cómo las visiones despiertas y los grandes sueños se integraron con visiones del mundo opuestas y paradigmas conflictivos durante el enfrentamiento entre Occidente y los nativos americanos en los siglos XVII, XVIII y XIX. Este choque llevó al surgimiento de líderes que eran a la vez curanderos y visionarios que podían liderar las fuerzas contra el Occidente colonial. Barbara Tedlock, antropóloga, habló sobre el efecto de los sueños en la civilización maya durante la guerra civil de Guatemala en la década de los 80. Las personas de esas comunidades estaban dirigidas por soñadores y visionarios que encontraron la forma de preservar sus tradiciones mientras aceptaban nuevas culturas. Estas comunidades participaron en la economía mientras continuaban siguiendo su cultura y su fe.

Dicho esto, usted no puede tener éxito solo porque tiene un sueño. Puede usar el poder de estos sueños para ayudarle a crear una plantilla, facilitándole la supervivencia contra todo pronóstico. La gente ahora conoce sus limitaciones en el mundo actual, pero todavía no son conscientes del poder destructivo del mundo. Podemos usar el poder de los sueños para prevenir la destrucción, pero para hacerlo, debemos estar abiertos a recordarlos, compartirlos con el mundo, y actuar sobre nuestros sueños con los corazones y los ojos bien abiertos.

Capítulo cinco: Preparación para el aprendizaje de los sueños lúcidos

La mayoría de los principiantes tienen muchas preguntas sobre el sueño lúcido, y este capítulo responde algunas de esas preguntas. Usted puede usar la información de este capítulo para prepararse para una experiencia de sueño lúcido.

¿Cuándo puedo tener mi primer sueño lúcido?

Los expertos creen que los principiantes pueden tener su primer sueño lúcido entre tres y treinta días después de comenzar un programa de sueño lúcido. Esto depende de su concentración y de lo bien que sigan todas las instrucciones para ayudarles a practicar la atención. Este libro es solo una guía, y hay algunas personas que ya tienen las habilidades necesarias para ayudarles a tomar conciencia de su sueño en su primer intento. Algunos pueden tardar meses o años en desarrollar esta habilidad, y si no están totalmente comprometidos con ella, pueden tardar más tiempo. Hágase las siguientes preguntas si no puede tener su primer sueño lúcido:

- ¿Paso suficiente tiempo cada mañana para escribir mis sueños?

- ¿Medito por lo menos diez minutos todos los días?

- ¿Estoy haciendo todo lo que está en mi poder para mejorar mi autoconciencia cada día?

- ¿Realizo suficientes comprobaciones de la realidad cada día? ¿Con qué frecuencia realizo estas comprobaciones?

- ¿Desarrollé un plan para lo que quiero hacer en mi primer sueño lúcido?

- ¿Estoy plantando varias ideas para mi sueño lúcido en mi mente subconsciente?

- ¿He aprendido las técnicas correctas?

¿Pueden los sueños lúcidos perjudicarme?

Usted no va a estar en ningún peligro físico, pero debe estar preparado para sentirse de otra manera. También debe asegurarse de estar abierto a tener nuevas experiencias. Ninguna de estas experiencias puede hacerle daño, pero puede que algunas de ellas le resulten un poco extrañas.

¿Puedo cambiar a un estado lúcido como principiante?

La práctica hace la perfección, pero la mayoría de la gente experimenta un sueño lúcido en unas pocas noches. Puede usar diferentes técnicas que se dan en el libro para ayudarle a mantener la lucidez en su sueño.

¿Puedo tener pesadillas en un estado lúcido?

Puede tener un sueño bueno o malo cuando duerme, y puede estar lúcido en cualquiera de esos sueños. La única diferencia es que puede estar en un sueño desagradable. Si mantiene la lucidez, puede jugar un papel activo en el control de esta situación, ya que tiene una clara comprensión de la situación en la que se encuentra.

Solo cuando lo hace puede enfrentar los pensamientos e imágenes que le causan esta pesadilla.

¿Hay señales que me ayuden a saber que estoy lúcido?

Si usa los sueños para iniciar un sueño lúcido, se vuelve consciente o lúcido cuando sabe que está soñando. Si ha visto películas, sabe que algunos personajes se dan cuenta de que están soñando, pero no saben cómo controlar varios aspectos de ese sueño. Pueden gritar o despertarse bruscamente, y puede que ni siquiera recuerden con qué estaban soñando. Debe entender que esto no es un sueño lúcido.

El sueño lúcido tiene efectos muy diferentes en su vida. Cuando usted es consciente de que está soñando y lo dice en voz alta, una cierta claridad de pensamiento se precipita en su mente. Comienza a concentrarse en cada aspecto de su sueño y es más consciente de su cuerpo. El sueño lúcido se parece mucho a una experiencia de vigilia, y solo cuando se siente así puede asimilar mucha información de su entorno.

Sus sueños a menudo tienen diferentes características, y es fácil que estas características cambien incluso cuando usted tiene sueños lúcidos. Por ejemplo, es posible que esté jugando con cachorros, y estos cachorros pueden transformarse en cajas o en ropa. Sin embargo, puede volver a jugar con los cachorros si mantiene la lucidez. Estos cambios sutiles no se pueden controlar ni siquiera cuando se mantiene la lucidez durante un sueño. Su mente subconsciente juega un papel importante en esto.

¿Puedo permanecer lúcido por más tiempo?

La mayoría de los soñadores lúcidos, especialmente los principiantes, no pueden controlar la duración de sus sueños lúcidos. Pueden estar demasiado excitados en sus sueños, y esto despierta su cuerpo físico. Hay momentos en los que puede olvidar que está lúcido en un sueño, y su mente subconsciente puede tomar el control de todo en su sueño. Cuando esto sucede, se convierte en un sueño normal, ya que no tiene más control. Si quiere soñar por más tiempo, debe aprender a mantenerse concentrado y tranquilo cuando sueña. Debe aprender a mantenerse mentalmente firme y decirse a sí mismo que solo está soñando.

Una de las formas más fáciles de mantenerse lúcido en sus sueños por más tiempo es realizar controles de la realidad. Puedes decir, "Estoy soñando", en voz alta, o caminar por ahí. Esta energía estimulará su mente y la mantendrá activa. También puede hacer que su mente consciente se centre en el cuerpo de sus sueños y evitar que mire a su cuerpo físico. Si sigue estas técnicas, puede experimentar un sueño lúcido por tanto tiempo como 60 minutos.

¿Puedo añadir más elementos y colores al escenario?

Es difícil, especialmente si usted es un principiante, cambiar la escena del sueño. Una de las principales razones por las que esto sucede es que no cree que esto pueda suceder en su sueño. Como es un principiante, no entiende cómo controlar sus sueños, lo que hace difícil que cambie algo de su sueño.

La mejor manera de ayudarle a entender los límites de su control es trabajar con su mente subconsciente para entender la lógica de su sueño. Puede hacer lo siguiente para cambiar algunos aspectos del escenario:

- Camine por su sueño y encuentre la puerta. Visualice que se moverá a un mundo diferente cuando atraviese esta puerta.

- Si tiene lagos u otros cuerpos de agua en su escenario, piense en ellos como portales y salte dentro.

- También puede usar un portal espejo para pasar de su actual mundo de sueños a otro.

- Si está viendo una película o una serie de televisión, cambie la escena y salte a ella. Verá que el mundo a du alrededor se vuelve tridimensional.

- Mire a otro lado de la escena de sueño actual e imagine un cambio en la escena. Cuando finalmente se de vuelta, verá un mundo completamente nuevo.

Hay muchas cosas que puede hacer si el único problema es la creatividad. Debe recordar que su conciencia juega un papel importante cuando se trata de sus sueños. Si no está seguro de sus fuerzas y se pregunta constantemente si puede cambiar los diferentes aspectos de sus sueños, su confianza puede flaquear. Si aprende de sus errores y experiencias y se mantienes confiado, aprenderá que hay muchas cosas que puedes hacer cuando sueña.

¿Puedo soñar que estoy volando?

La mayoría de la gente quiere aprender a volar cuando tienen sueños lúcidos. A menudo quieren dominar este arte antes de hacer cualquier otra cosa. Dicho esto, si usted es nuevo en el sueño lúcido, debe evitarlo, ya que el concepto es un poco difícil de entender. Algunas personas son afortunadas, y despegan como Superman mientras que otras pueden chocar con edificios, algunas no pueden despegar del suelo debido a la gravedad, y otras se quedan atascadas en tendederos.

Tomemos el ejemplo de la película "The Matrix". Cuando Neo y Morfeo luchan en el mundo virtual, el primero vence fácilmente al segundo. ¿Por qué cree que Neo era mejor? ¿Fue porque era más inteligente, en mejor forma o más fuerte? No, todo lo que le tomó fue un poco de confianza. Creía que era mejor que Morfeo, y esta creencia le ayudó a ganar la pelea.

La misma idea funciona también con los sueños lúcidos. Tiene que aprender el arte de volar cuando tiene sueños lúcidos. Esto le facilita volar cuando domine el mantener la lucidez en sueños posteriores.

¿Pueden los sueños lúcidos causar fatiga?

Este es otro mito. La gente sueña durante el sueño REM, y puede soñar durante más de noventa minutos. Un soñador lúcido experimentado puede tener al menos tres sueños lúcidos en una semana, y cada sueño puede durar al menos quince minutos. Algunas personas creen que esto es como perder el sueño porque su mente no está en reposo, pero no es demasiado tiempo. Los sueños lúcidos pueden darle un subidón natural, que le deja con energía extra durante el día. Algunas personas experimentan sueños lúcidos cada noche, en cada uno de sus ciclos de sueño. Esto significa que un sueño lúcido no se limita solo a su sueño REM. Ellos solo han tenido sueños lúcidos, y nunca se han quejado de su falta de energía.

Algunas personas eligen tener sueños normales, y dejan de lado su lucidez cuando no tienen nada más que añadir a su sueño. Hay otros que eligen salir de su estado de lucidez. Se despiertan y abren los ojos antes de volver a la cama. Un número muy pequeño de personas han tenido problemas con sus sueños y son incapaces de dormir sin ninguna perturbación. Esto les hace sentir que les falta un poco de sueño a lo largo del día.

Si experimenta sueños lúcidos de forma natural, pero tiene miedo de la intensidad de sus sueños, visite a un médico o especialista. Debe recordar que cualquier exceso es malo para su cuerpo y su mente, y que hay una manera de salir de la lucidez.

¿Puedo quedarme atrapado en el paisaje de los sueños?

¿Cree que puede quedarse atrapado en un sueño lúcido de la misma manera que un niño puede quedar atrapado en un cuadro o una película de terror? Si es así, recuerde que no es posible, ya que es solo un sueño y no su realidad. No puede quedarse atascado en un sueño lúcido, como no puede quedarse atascado en una pesadilla o en un sueño normal. Solo las películas usan esto como argumento. Cuando esté soñando lúcidamente, puede elegir despertarte cuando quiera. La mayoría de la gente comienza a soñar lúcidamente cuando lo usan como un medio para despertar de los malos sueños o pesadillas. Puede cerrar los ojos del sueño y gritarle a su mente que se despierte. También puede usar estos momentos para ayudarle a cambiar de una pesadilla a un sueño guiado. Es posible que se absorba en un falso estado de despertar o en una lúcida pesadilla. Sin embargo, esto no es como estar atrapado para siempre en un sueño. Estos estados son tanto iluminadores como aterradores, y tienen la misma duración que su sueño REM.

¿Mis sueños representan mis habilidades psíquicas?

La mayoría de la gente tiene la idea equivocada de que sus sueños representan sus habilidades psíquicas subyacentes. Lo más importante es entender que nada se vuelve real, simplemente porque usted lo quiere. Si este fuera el caso, todo el mundo ganaría 1.000.000 de dólares o se vería exactamente como quiere. Hay poca o ninguna investigación que demuestre que los sueños tienen capacidades psíquicas. La gente ha oído hablar de un amigo que puede haber tenido este increíble sueño psíquico, así que existe la posibilidad de que tales sueños sean reales. Debe tener en cuenta que algunas historias son inventadas, y puede haber algunas coincidencias.

¿Puedo comunicarme con mi subconsciente?

Es importante recordar que sus sueños son recuerdos, emociones y pensamientos tomados de su mente subconsciente. Esto significa que hay una comunicación de dos vías entre su subconsciente y su mente consciente. Una de las formas más fáciles de hacerlo es comunicarse con uno mismo en el sueño. Puede hacerse algunas preguntas para comunicarse con su subconsciente. Esto le ayuda a fortalecer la conexión entre su subconsciente y su mente consciente.

¿Moriré en la vida real si muero en un sueño lúcido?

Esto es falso, y las investigaciones muestran que los sueños lúcidos no tienen un impacto directo en su cuerpo. Puede ser perseguido por un perro, herirse, o incluso morir en un sueño lúcido. Hay veces en las que puede haber caído de una torre o del último piso de un edificio. Esto no significa que haya muerto en la realidad. Cuando se despierta, se da cuenta de que fue un sueño, y obviamente no le mató.

¿Puedo tener falsos despertares?

Un falso despertar es una situación en la que todavía está dormido, pero su cuerpo cree que está despierto. Este es un estado mental muy diferente, y puede tener algunas experiencias vívidas similares a los sueños lúcidos. Algunas personas se levantan de la cama, se visten, toman un desayuno rápido y van al trabajo incluso en su estado de falso despertar. Pueden realizar tales acciones, ya que están en modo de piloto automático. Esto significa que la experiencia no es divertida y no puede ser controlada. Dicho esto, el realismo es bastante impactante, por lo que la mayoría de la gente no se da cuenta cuando están en un falso estado de despertar.

Los soñadores lúcidos a menudo tienen más experiencias con el falso despertar que otras personas, y esto se debe a un choque entre su conciencia y el mundo de los sueños. Es un extraño efecto secundario del sueño lúcido, pero no es peligroso. Este fenómeno también puede llevar al desarrollo de sueños en el estado de vigilia, conocidos como sueños conscientes. Muchas películas han usado falsos despertares como parte de la trama para ayudar a los espectadores a entender los miedos de los personajes. Una de las formas más fáciles de identificar un falso despertar es comprobar si está en un estado de sueño o en la realidad.

¿Puedo usar máquinas?

Hay muchas máquinas que puede usar para ayudarle a soñar lúcidamente, como REM Dreamer, DreamMask y NovaDreamer. Estas máquinas usan varios disparadores de lucidez, y su mente subconsciente usa estos disparadores en su sueño. Es su trabajo concentrarse en estos disparadores o pistas, para ayudarle a entender o ser más consciente de sí mismo en el sueño. Estas máquinas no aseguran que permanezcas lúcido durante sus sueños, pero cuando las usas correctamente, puede mejorar las posibilidades de mantenerse lúcido. Estas máquinas también pueden cambiar su conciencia de su cuerpo físico al paisaje de los sueños.

¿Cómo uso la música o los mensajes de las ondas cerebrales?

La música o los mensajes de las ondas cerebrales es una de las formas más fáciles de pasar del estado de vigilia al estado de meditación. Este entretenimiento utiliza una tecnología de audio de precisión que estimula el cerebro para pasar a un estado profundamente meditativo, tranquilo y relajado. Esta forma de entretenimiento es buena por las siguientes razones:

- Este entretenimiento le ayuda a cambiar del estado de vigilia a un estado meditativo inmediatamente, y mejora su visualización y autoconciencia, por lo que le ayuda a mantenerse alerta y consciente de sí mismo en diferentes estados.

- Esta forma de entretenimiento también le ayuda a entrar en el BAMA, o estado de Sueño Corporal/Despertar de la Mente, y esta es una de las mejores maneras de tener un sueño lúcido. También puede tener una experiencia fuera del cuerpo cuando está en este estado. Cuando está en este estado, su mente trabaja duro para asegurar que su cuerpo está en el estado de sueño y dormido.

¿Son buenas las hierbas del sueño?

Puede usar las hierbas del sueño a veces si quiere mejorar la intensidad de sus sueños. Algunas hierbas también le ayudan a recordar mejor sus sueños. Hay momentos en los que puede tener sueños significativos, vívidos y perspicaces cuando toma las hierbas del sueño. Algunos expertos recomiendan hierbas si quiere crear o tener experiencias interesantes en sus sueños. También puede experimentar con ellas para aprender más sobre su mente, cómo reacciona a los sueños y, a veces, solo por diversión.

¿Puedo inducir experiencias fuera del cuerpo (EFC) usando sueños lúcidos?

Discutimos las experiencias fuera del cuerpo, también conocidas como proyecciones astrales, en el tercer capítulo del libro. Los sueños lúcidos pueden inducir una experiencia fuera del cuerpo. Hay momentos en los que puede tener experiencias inexplicables o inimaginables incluso cuando se practican técnicas de sueño lúcido. Puede haber momentos en los que siente que su conciencia está saliendo de su cuerpo cuando tiene un sueño lúcido. Esto es probablemente solo una transición que su conciencia está haciendo cuando se mueve de su cuerpo físico al sueño o al cuerpo imaginario. Esta experiencia es como un falso despertar.

Capítulo seis: Preparación para una experiencia de sueño lúcido

La mayoría de las personas se preguntan cuán rápido pueden tener sueños lúcidos, y lo que la mayoría de la gente no sabe es que usted puede tener un sueño lúcido el día que lee sobre él. Puede tener un sueño lúcido dentro de las primeras noches de su intento inicial, ya que lo único que tiene que hacer es enfocarse en la realidad de su sueño. Esto significa que debe ser consciente de su sueño, pero es más fácil decirlo que hacerlo.

Algunas personas no son tan afortunadas, y algunas incluso pueden tardar un mes antes de experimentar un sueño lúcido. La línea de tiempo varía entre los individuos, pero algunas personas solo necesitan enfocarse en la dirección correcta para tener sueños lúcidos. Dicho esto, no debe preocuparse si no puede tener un sueño lúcido la noche que termina de leer este libro. Puede que le lleve algún tiempo prepararse mental y físicamente antes de tener un sueño lúcido. Cuando use las diversas técnicas mencionadas en este libro, sabrá exactamente lo que necesita hacer para tener sueños lúcidos. Llegará el día en que no tenga que esforzarse tanto para tener un sueño lúcido. Todo lo que necesita hacer es concentrarse en un pensamiento o imagen mientras se duerme y saber que soñará con eso por la noche.

Este capítulo se centra en algunos consejos y estrategias que puede utilizar para experimentar los sueños lúcidos. Antes de sumergirnos en estos métodos, permítanos establecer sus objetivos.

Comprenda sus objetivos

Debe hacer lo siguiente cuando aprenda varias técnicas de sueño lúcido.

- Aumente sus posibilidades de recordar sus sueños. Ya que sueña por lo menos 100 minutos cada noche, preste atención a todo lo que sucede en su sueño.

- Asegúrese de centrarse en diferentes aspectos de sus sueños, como los sonidos, las sensaciones, las vistas y los sentimientos.

- Concéntrese en sus pensamientos y aprenda a reconocer cuando está soñando. Esto significa que debe aprender a diferenciar entre los sueños y la realidad. Puede hacer esto fácilmente usando las comprobaciones de la realidad, y las cubriremos en detalle en este capítulo.

- Aprenda a ser más consciente de su vida, para que sea más consciente de sus sueños.

- Empuje su mente para que sea más consciente cuando tenga sueños. Esta es la única manera en que puede tener sueños más lúcidos.

- Aprenda habilidades de visualización para ayudarle a manifestar su sueño. También puede visualizar el estar en un sueño lúcido.

- Aprenda a enfocarse en el contenido de su sueño antes de irse a la cama. Veremos esta técnica en detalle más adelante en el capítulo.

Cuando incorpora los objetivos mencionados en su vida, puede tener sueños lúcidos todas las noches. Debe entender que sus sueños solo reflejan los recuerdos, pensamientos, emociones y experiencias que tiene durante su vida despierta. Es por esta razón que puede tener un sueño lúcido con solo pensar en algo que ocurrió durante el día.

Consejos y técnicas

Aprenda

Cuando quiere desarrollar una habilidad, debe aprender todo acerca de esa habilidad. Este libro tiene toda la información que necesita sobre el sueño lúcido, pero hay un montón de artículos y vídeos que le ayudarán en su viaje.

Use los controles

Estoy seguro de que sabe lo que es un "control de la realidad". Debería hacer al menos dos docenas de pruebas de realidad cada día, especialmente al principio. Puede disminuir el número de controles que realiza a medida que mejora y desarrolla sus habilidades. Estas pruebas de realidad no toman más de unos pocos segundos para realizarlas. Considere el siguiente ejemplo:

- Mire sus manos.

- Si hay una pared a su lado, intente empujar sus palmas a través de la pared.

- Si está en un sueño, su mano atravesará la pared, pero si no lo está, sus palmas tocan la superficie de la pared.

El objetivo de una revisión de la realidad es ayudarse a determinar si está dormido o despierto. El resultado de cualquier actividad que realice será diferente dependiendo de su estado. Cuando repite tal acción numerosas veces cada día, se convierte en memoria muscular. Por lo tanto, cuando está soñando, puede realizar la misma comprobación de la realidad o utilizar cualquier otra técnica para determinar si está en un sueño. Esto ayudará a activar la parte de su mente que se centra en varios aspectos del sueño, induciendo así a la lucidez.

Reduzca el tiempo de pantalla

Debe apagar todos los aparatos, como teléfonos móviles, portátiles, tablets, televisores, Kindles, etc., al menos una hora antes de irse a la cama. Apague todas las luces de su habitación, así anima a su cuerpo y a su mente a que se duerman. Esta es la única manera en que su cerebro libera suficiente melatonina para forzar a su cuerpo a dormir. Mantenga su entorno oscuro, ya que la luz afecta a la producción de melatonina.

Use alarmas

La mayoría de los principiantes se equivocan en este paso cuando empiezan a aprender sobre el sueño lúcido. Si sigue los pasos mencionados en esta sección con cuidado, puede mejorar. Debería poner la alarma para que suene al menos cinco horas después de acostarse. El objetivo es sacarle del sueño REM. Sin embargo, volverá a dormirse usando los métodos mencionados en los siguientes pasos y volverá a un estado de sueño lúcido. Si quiere tener éxito en el uso de este método, tenga en cuenta los siguientes puntos:

● Mantenga los ojos cerrados cuando intente apagar la alarma. Asegúrese de que su teléfono o reloj esté cerca de usted, para que pueda alcanzarlo sin tener que abrir los ojos.

● No use un sonido fuerte como alarma. Sí, la alarma debería despertarle, pero cuando usa sonidos zumbantes su mente y su cuerpo se activan, lo que le dificulta volver a un estado de sueño lúcido. Por lo tanto, use algo agradable como alarma.

No abra los ojos

Es extremadamente importante hacer esto, especialmente cuando se despierta de un sueño. Debe mantener los ojos cerrados, para convencer a su cuerpo de que vuelva a dormirse. Su mente, sin embargo, debe estar ligeramente despierta.

Use WBTB

Despierte de nuevo a la cama, o WBTB (Wake Back to Bed) es un método que se utiliza para entrenar a su cuerpo a volver a dormir incluso cuando su mente está alerta. Puede haber momentos en los que se despierta repentinamente del sueño. Es durante esos momentos cuando debería aprender a volver a dormir mientras su mente está todavía activa, facilitándole el mantener la lucidez cuando tiene un sueño. Esto puede sonar imposible, pero puede dominarlo si practica lo suficiente. Veremos este método en detalle más adelante en el libro.

Medite

En las secciones anteriores, vimos lo importante que es para usted separar su cuerpo y su mente. Si practica la meditación correctamente, puede desarrollar estas habilidades. Los monjes budistas son el mejor ejemplo aquí. Pueden meditar hasta diez horas sin tomar un descanso. Se olvidan del hambre y no les molestan los ruidos que les rodean. Se sientan quietos, lo que significa que no mueven ni un solo músculo de su cuerpo. Sin embargo, están mirando hermosas visiones y experimentando todo lo que sucede a su alrededor de manera diferente. Se preguntará cómo pueden lograr algo tan brillante como esto. Pueden hacerlo, ya que han separado su mente de su cuerpo. Sus cuerpos están en una posición y estado de descanso, mientras su mente está activa. Ya que el sueño lúcido es similar a esto, usted debe desarrollar el mismo conjunto de habilidades.

Use recursos musicales

Muchas personas usan recursos como los pulsos binaurales y el ruido blanco para enfocarse, concentrarse o dormir. Estos recursos también le ayudan cuando quiere experimentar un sueño lúcido. Las diferentes frecuencias que se tocan en estos aparatos musicales siempre entran en sus oídos al mismo tiempo. Sin embargo, su cerebro sigue viendo estos ritmos o música como una sola frecuencia, lo que le facilita la concentración. Hay numerosos videos en YouTube con estas pistas, o puede descargar una aplicación que tenga una variedad de música. Si quiere usarlos para tener sueños lúcidos, debe asegurarse de que la frecuencia de esta música coincida con la frecuencia de las ondas cerebrales que le ayudan a tomar conciencia durante el sueño. Los expertos recomiendan que se ciña a la música entre la frecuencia de 4 y 8 Hertz.

Juegos

Cuando juega a juegos como *Counter-Strike* o *Age of Empires*, estás en un mundo completamente diferente. Puede explorar y aprender más sobre cada aspecto de este universo. Si juega a juegos como *Defense of the Ancients* o *Dungeons and Dragons*, puede asumir un papel. A veces, puede que quiera tomar un camino diferente al de sus compañeros de equipo, solo para ver qué hay. Esto también es lo que debe hacer cuando duerme. Cuando se encuentre en un mundo diferente, concéntrese en varios aspectos de ese mundo y explórelo. Se hace más fácil hacer esto en sus sueños cuando juega a los videojuegos cuando está despierto.

Tome Galantamina

La mayoría de los pacientes con Alzheimer reciben este suplemento natural para mejorar su memoria y la función cerebral. La galantamina es una sustancia vegetal que se encuentra en plantas como el lirio de araña y los dientes de león. La sustancia se puede usar por vía oral. Según el estudio, "Explorando los efectos de la galantamina junto con la meditación y el sueño, reviviendo los sueños recordados: Hacia un protocolo integrado para la inducción de sueños lúcidos y la resolución de pesadillas (2018)", este suplemento mejora la calidad del sueño durante su etapa REM. También alarga su sueño, facilitando así que recuerde sus sueños. El estudio también demostró que las personas que tomaron este suplemento tenían una mayor probabilidad de experimentar un sueño lúcido que aquellos que tomaron placebos.

Tome suplementos

Los expertos recomiendan que tome suplementos de vitamina B6 si quiere tener un sueño lúcido. Hay pocas investigaciones para determinar la correlación entre el sueño lúcido y esta vitamina, pero según el estudio "Efectos de la Piridoxina en el sueño: Un estudio preliminar (2002)", la vitamina B6 aumenta los niveles de serotonina en su cuerpo, lo que hace que sus sueños sean más coloridos. También puede tener sueños vívidos si toma estos suplementos, y esto hace que sea más fácil recordarlos a la mañana siguiente.

Tiempo

Debes entender que le llevará tiempo aprender una nueva habilidad. Por lo tanto, dese el tiempo suficiente para hacer lo siguiente:

- Mantener un diario en el que escriba sus sueños
- Medite y visualice el sueño durante el día
- Mantenga una rutina antes de irse a la cama
- Aprenda más sobre el sueño lúcido
- Prepárese para la cama

No es recomendable que practique ninguna técnica de sueño lúcido si tiene una vida ocupada. Si trabaja todos los días o es estudiante, tiene algunos compromisos de tiempo que pueden dificultar que se dedique un tiempo regularmente para centrarse en estas técnicas. Lo ideal es que dedique al menos treinta minutos cada día para desarrollar las habilidades necesarias. Por lo tanto, planifique su día con antelación, para que tenga suficiente tiempo para practicar las técnicas de sueño lúcido.

Disciplina

Debe mantener un enfoque disciplinado si quiere aprender a mantenerse lúcido cuando sueña, lo cual es un poco como aprender un nuevo deporte o habilidad técnica. Solo cuando practica se convierte en un mejor jugador o codificador. Puede que no consiga los resultados esperados cuando intente mantener la lucidez en sus sueños las primeras veces. Solo está sentando las bases para ayudarle a ser más consciente de sus sueños en el futuro. Si se compromete con su rutina y técnicas, puede sacar el máximo provecho de los sueños lúcidos. Por lo tanto, debe ser disciplinado en su enfoque. Debe ser consistente con los diversos consejos y técnicas que use por lo menos durante treinta días.

Pasión

¿Había alguna tarea en el trabajo que odiaba hacer? ¿Se esforzó tanto para completar esta tarea como para completar sus tareas favoritas? El objetivo de estas preguntas es ayudarle a entender que la pasión es lo que hace que el aprendizaje sea más divertido. Solo cuando le apasiona algo, se siente motivado a seguir con el entrenamiento. Esta es la única manera en que puede mantener la lucidez durante sus sueños.

Consejos para facilitar un sueño lúcido

Puede ser extremadamente divertido tener un sueño lúcido, pero es un viaje difícil. La experiencia también puede ser desalentadora. Dicho esto, cuando tenga un sueño lúcido, puede cambiar su vida para mejor. Hemos visto algunos de los beneficios de los sueños lúcidos antes en el libro.

Esta es una habilidad que debe desarrollar, y como cualquier otra habilidad, le lleva algún tiempo ser consciente de estar en un sueño. No hay una sola manera de hacerlo, y hay numerosos métodos que se pueden emplear cuando se trata de mantener la lucidez durante el sueño. Esta sección enumera algunos métodos para ayudarle a comenzar su viaje.

- Use un diario de sueños regularmente y tome nota de al menos un sueño después de que se despierte si puede recordarlos.

- Medite durante diez minutos cada día, para que sea consciente de sus pensamientos y emociones.

- Busque diferentes señales en sus sueños para ayudarle a ser más consciente o lúcido cuando tenga sueños con señales similares.

- Pregúntese si está soñando. También puede realizar una acción física para ayudarle a determinar si está soñando o no.

- Puede usar un spray con un aroma relajante o llenar su almohada con esencias para calmar su mente.

- Tome algunas píldoras para soñar lúcidamente; quiere aumentar la intensidad o la viveza de sus sueños.

- Si se despierta o se sacude cuando tiene un sueño, use el método de sueño lúcido inducido por la vigilia para ayudarle a volver a dormir y seguir siendo consciente de su sueño.

- Compre un buen colchón, especialmente si quiere dormir bien.

- Cuando se quede dormido, concéntrese en lo que le rodea y observe cualquier alucinación que pueda tener.

- Puede inducir sueños lúcidos a través de los olores usando la aromaterapia. Esta forma de sueño lúcido se conoce como "Sueños lúcidos inducidos por olores".

- Observe la postura que mejor funcione para usted. Relájese en esa postura antes de irse a la cama.

- Experimente con diferentes técnicas de sueños lúcidos. Cubriremos algunas de ellas en detalle más adelante en el libro.

- Utilice una aplicación de sueños lúcidos para controlar sus pensamientos y emociones cuando se vaya a la cama. Puede descargarlo en tu portátil o en su teléfono.

- Mire un video antes de ir a la cama, preferiblemente un video de sueños lúcidos, para motivar o estimular su mente a ser consciente durante un sueño. También puede escuchar mensajes subliminales o sesiones de hipnosis de sueño lúcido.

- Use hierbas de sueños para tener sueños memorables y vívidos.

- Puede aumentar la intensidad de sus sueños comiendo queso antes de ir a la cama.

- Si tiene problemas para dormir, especialmente durante su ciclo REM, visite a un médico, y encuentre una manera de deshacerse de estos problemas.

- Cuando sea consciente de un sueño, también puede pedirle al sueño que le ayude a mantenerse lúcido cuando tenga otros sueños. Esto estimulará a su cerebro a permanecer consciente durante todos los sueños.

- Visualice o manifieste una trama que quiera ver en su sueño. Puede usar películas de sueños lúcidos para ayudarle a hacer esto.

- Dese un tiempo cada día para soñar despierto. Esto le ayuda a explorar varias fantasías y realidades.

- Puede usar la inducción mnemotécnica para ayudarle a tener sueños lúcidos. Use esta técnica justo antes de irse a la cama. Veremos esta técnica en detalle en el próximo capítulo.

- Si no es muy bueno recordando los sueños a la mañana siguiente, puede poner la alarma durante su ciclo REM. Cuando se despierte, y si ha tenido un sueño, escríbalo en su diario antes de volver a dormir. Alternativamente, también puede usar un reloj digital que pite cada 60 minutos. Puede usar este pitido para recordarse a sí mismo que debe realizar un chequeo de la realidad en su sueño.

- Lea más sobre el yoga nidra.

- Si se queda dormido en varios lugares, anime a su subconsciente a tener falsos despertares.

- También puede usar diferentes métodos para tener experiencias fuera del cuerpo, como la proyección astral.

- Puede entrar en un sueño lúcido a través de la parálisis del sueño.

- Si contar le hace dormir, cuente hacia atrás cuando se sienta somnoliento. Diga, "Estoy soñando", antes de pasar al siguiente número de la secuencia.

- Puede dormir durante el día, especialmente después de un entrenamiento.

- Relájese cada fin de semana, y practique las técnicas mencionadas en el libro. Este enfoque le ayuda a determinar la técnica que funcione mejor para usted.

- La mayoría de la gente tiene miedo de los sueños lúcidos porque piensan que pueden dañar su conciencia. Esto, sin embargo, no es cierto. Todo lo que debe recordar es que la lucidez o la conciencia es una herramienta positiva y poderosa que puede usar para crecer.

- Duerma por lo menos ocho horas cada noche.

- Puede meditar antes de dormir o mientras duerme.

- Utilice la tecnología de los sueños lúcidos si puede permitírselo.

Puede usar diferentes métodos para facilitarle la práctica de los sueños lúcidos. Si esto es abrumador, recuerde que esto es solo una visión general de los diferentes métodos que puede usar. Si quiere empezar a tener sueños lúcidos esta noche, utilice los siguientes métodos para ser más consciente durante el sueño.

Realice una comprobación de la realidad

Cuando sueña, debe determinar si está realmente en un sueño. Puede pisar con el pie o arrancar una flor dependiendo de dónde esté en su sueño.

Visualice el sueño

Puede planear lo que sucede en su sueño lúcido. Concéntrese en su deseo, cierre los ojos y visualice ese pensamiento o deseo. También puede visualizar y concentrarse en ser consciente de su sueño.

Repita sus pasos

Si se despierta en medio de la noche, repita todos los pasos que hizo antes de irse a la cama. Esto le ayuda a dormirse fácilmente.

Asegúrese de no olvidar estos consejos. Estas técnicas pueden sonar un poco raras o extrañas, y habrá veces en las que puede preguntarse por qué las está siguiendo. Es normal sentirse así. Es posible que no siempre obtenga los resultados correctos al utilizar estas técnicas. Dicho esto, solo cuando domine sus fundamentos podrá pasar a las técnicas avanzadas. Cuando tiene un sueño lúcido, finalmente aprende a diferenciar entre los sueños y la realidad.

Como usted es principiante, es importante que mantenga una rutina para que su conciencia permanezca lúcida o consciente durante un sueño.

Mantenga una rutina

Esta sección le da una rutina básica que puede usar para facilitar un sueño lúcido.

Medite

Hay momentos durante el día en los que se está en un estado de medio sueño, y durante estos estados, se puede sentir somnoliento o tranquilo. Cuando se sienta así, acuéstese en su cama o en un sofá y relájese. Deje que sus pensamientos y emociones vayan a la deriva. Lo único en lo que debe concentrarse es en forzar a su cuerpo a dormirse mientras está consciente. Para ello, concéntrese en el fino cordón que conecta su cuerpo con su conciencia, y utilice el cordón para alejar su mente de su cuerpo. Este no es solo un ejercicio muy relajante, sino que también crea sensaciones hipnagógicas. Puede ver patrones geométricos, sentirse como si estuviera flotando, o ver algunas impresiones de sueños. La meditación es una gran manera de mejorar sus habilidades de visualización y conciencia.

Diario

Si quiere soñar lúcidamente con frecuencia, lleve un diario de sueños. Anote sus sueños cuando se despierte cada mañana. Pase al menos cinco minutos cada mañana para anotar cada sueño que tuvo. Esto no solo le facilita recordar sus sueños sino que también le ayuda a mantener la lucidez cuando sueña. Este paso es extremadamente importante, y por lo tanto, no debe ignorarlo.

Plantando una idea

En este paso, puede plantar una idea o pensamiento en su subconsciente para que sueñe con la idea más tarde. Esto no se parece en nada a la creación, ya que la idea es suya. Una de las formas más fáciles de plantar una idea en su mente subconsciente es visualizar o fantasear sobre el personaje o la trama durante el día. Considere el siguiente ejemplo: cuando ve una película de terror, piensa constantemente en el demonio o fantasma que le persigue. También visualiza formas y otros objetos en la oscuridad, que pueden darle pesadillas. De la misma manera puede usar sueños y pensamientos felices para tener buenos sueños. Estos sueños y pensamientos felices aparecerán en su sueño si son sinceros. Alternativamente, también puede usar el concepto de visualización y manifestación para convencer a su mente de que tendrá sueños lúcidos esta noche. Si hace de este pensamiento el último de su día, definitivamente tendrá un sueño lúcido.

Ha apagado su alarma, así que ahora cierre los ojos y empiece a concentrarse en el sueño; aquí es donde empieza la magia. Cuando se concentra en su sueño, su cuerpo pronto comienza a dormirse. Sin embargo, esto probará si su mente aún está despierta. Su cuerpo puede decirle a su cerebro que necesita acurrucarse, rascarse la nariz, ponerse las mantas sobre la cabeza, etc. No lo haga. Cuando no se mueve, su cuerpo cree que está dormido. Liberará el control, y su mente inconsciente tomará el control. Ve formas, colores, imágenes y vistas escénicas, y todo esto se une para crear formas e imágenes. Todo esto se unirá y tomará alguna forma. Cuando usted es consciente de estas imágenes y formas, finalmente es consciente de sus sueños.

Cosas que hacer cuando esté consciente

Ahora que sabe lo que es un sueño lúcido, debe aprender qué hacer cuando se da cuenta o está lúcido en su sueño. Si no sabe lo que debe hacer, puede que se emocione demasiado y se despierte de su sueño. Utilice las siguientes técnicas para ayudarle a estabilizar el sueño cuando se dé cuenta de que está en un sueño:

- Mírese y observe sus movimientos
- Camine y concéntrese en cómo se sienten sus pies en el suelo
- Diga algo en voz alta
- Frote sus palmas
- Sienta la sensación de cada movimiento cuando camina o da vueltas en su sueño

No puede estar lúcido en un sueño si no usa las técnicas adecuadas. Las técnicas mencionadas estimulan su mente, lo que le facilita convertir su sueño en realidad. Si estimula su mente y estabiliza su presencia o conciencia en el sueño, puede hacer que este sueño dure más tiempo.

Cosas para hacer en su sueño

Una vez que aprenda a estabilizar sus pensamientos y emocione en un sueño lúcido, también debe aprender a explorar con calma todo lo que le rodea. Nunca debe hacer cambios en el sueño o en cualquier aspecto del mismo demasiado pronto. No haga algo demasiado lujoso, como teletransportarse a la cima de la Torre Eiffel, cuando se encuentre consciente por primera vez en su sueño. Si lo hace, puede entusiasmarse demasiado, y esto puede hacer que se despierte. Cuando empieza con un sueño lúcido, es mejor que camine o flote por ahí, mire el entorno y se empape de cada objeto y aspecto de ese entorno. Debe recordar que su sueño es solo su realidad virtual, y esto es tanto vivo como tangible. Esta es la única manera en que puede continuar soñando lúcidamente.

Capítulo siete: 5 técnicas de sueño lúcido

La gente ha usado diferentes técnicas para tener sueños lúcidos. Este capítulo cubre algunas de las técnicas más simples aprobadas por los psicólogos.

Sueño lúcido inducido por el sueño (DILD)

Como se mencionó anteriormente, un sueño lúcido inducido por un sueño es aquel en el que uno se da cuenta de que tiene un sueño dentro de otro sueño. Este método es fácil y amigable para los principiantes. La mayoría de las personas que quieren probar el sueño lúcido usan esta técnica. Lo más importante que hay que recordar sobre el sueño lúcido es que debe ser consciente o estar lúcido en su sueño. Algunas técnicas comunes del DILD son:

Concientización de ADA durante todo el día

Cuando se es plenamente consciente de uno mismo a lo largo del día, se puede distinguir fácilmente entre un sueño y el mundo real. Puede usar las diversas técnicas mencionadas anteriormente (comprobación de la realidad) para ayudarle a ser más consciente de sus sueños.

Usando controles

La mayoría de la gente nunca piensa que está soñando, ya que su mente siempre cree que está despierta. Cuando decide realizar controles regulares de la realidad, se hace más consciente del mundo de los sueños y del mundo real. Sus sueños se vuelven más claros y vívidos cuando mejora su conciencia.

Autohipnosis

La autohipnosis es un estado en el que usted está relajado. Esta técnica es más como programar su mente para tener un sueño lúcido.

Señales del sueño

Como se mencionó anteriormente, una señal en su sueño puede ser una señal que le ayude a determinar si está en un sueño o no. Cuando presta atención a estos indicios y señales, empieza a notarlos mucho más. Esto le ayuda a tener más lucidez en sus sueños.

CAT o Técnica de Ajuste de Ciclo

Daniel Love fue el que creó esta técnica, y existen tres pasos que debe seguir cuando usa esta técnica.

Paso uno

Ponga la alarma al menos sesenta minutos antes de la hora habitual en que se despierte. Debería hacer esto todos los días durante al menos dos semanas para ayudar a su reloj corporal a reajustarse, porque puede que no tenga un sueño lúcido cuando empiece con esta técnica.

Paso dos

Después del decimocuarto día, puede volver a su horario anterior, pero despierte más temprano cada dos días. Esto significa que debe seguir la secuencia: temprano, normal, temprano, normal. Cuando se acueste, hágale saber a su cuerpo que quiere despertarse más temprano de lo normal, y asegúrese de realizar suficientes controles para determinar si está dormido o despierto. Debe prepararse para madrugar antes de irse a la cama cada noche.

Puede quedarse dormido los días en que se despierte a la hora habitual, pero evite quedarse dormido durante más tiempo, para no interrumpir su nuevo ciclo.

Paso tres

Su cuerpo finalmente aprende a madrugar y esperará que su mente también lo haga. Como el cuerpo está activo, estimula su mente, que a su vez ayuda a su mente a retener la conciencia incluso cuando sueña. Esto aumenta las posibilidades de estar lúcido en un sueño, y puede tener sueños lúcidos al menos cuatro veces por semana.

Entonces, ¿qué cree que debe hacer cuando se despierta más temprano de lo normal? Puede hacer casi cualquier cosa, pero asegúrese de no volver a dormirse. Siga realizando controles de realidad todos los días y hágalo lo más a menudo posible cuando se despierte más temprano de lo habitual. Esto le ayuda a estimular su mente y a mantenerla activa durante todo el día. Así podrá seguir con normalidad a lo largo del día. Solo cuando hace más comprobaciones de realidad su mente puede diferenciar entre un sueño y la realidad.

WBTB

WBTB es un acrónimo de "Wake Back to Bed", y es una técnica simple. Esta es otra forma de DILD. La mayoría de la gente combina esta técnica con la técnica MILD, ya que es una de las mejores maneras de mejorar el sueño lúcido. Los siguientes son los pasos a seguir para realizar esta técnica:

- Ponga la alarma para dentro de cinco horas después de que se haya acostado.

- Tómese una hora antes de acostarse para leer más sobre el sueño lúcido. Esto envía las señales correctas a su cerebro y lo estimula para que permanezca activo durante todo el sueño.

● Cuando suene la alarma, no abra los ojos pero obligue a su cuerpo a volver a dormir mientras su mente está todavía activa. Alternativamente, también puede caminar mientras se concentra en su sueño.

Existen algunas cosas más que debe saber sobre esta técnica.

Como se mencionó anteriormente, usted tiene sueños vívidos o lúcidos durante la etapa de sueño REM. El primer estado de sueño REM se produce una hora después de dormirse, y tiene estados de sueño REM adicionales cada noventa minutos después del primer estado. El objetivo de esta técnica es despertar durante el estado REM y volver a dormir tan pronto como sea posible. También debe asegurarse de volver a su sueño y ser consciente de que está en un sueño. Es mejor visitar un laboratorio del sueño o tener a alguien vigilándole cuando duerme. Es la mejor manera de cronometrar las fases. Debería repetir este método hasta que sepa cuándo está en su estado REM.

Dormir más durante el estado REM

Debería dormir más tiempo durante su estado de sueño REM. Puede dormir un poco más durante el sueño REM, y una de las formas más eficaces de hacerlo es atenerse a un horario de sueño. También debe asegurarse de dormir todo el tiempo que pueda, para que se despierte con una sensación de frescura y relajación. Puede ser difícil de manejar esto, considerando que, en el siguiente paso, debe despertarse unas cuantas veces cada noche. Si no puede volver a dormirse inmediatamente, debe buscar un método diferente. No intente esta técnica más de dos veces por semana.

Despertar

Si duerme durante ocho horas cada noche, debe poner la alarma para que suene cuatro o cinco horas después de que se duerma. Definitivamente vas a estar en un estado de sueño REM durante esas horas, pero no siempre puede precisar cuándo comienza. Las fases REM pueden durar más tiempo en las fases posteriores, y usted puede tener sueños más lúcidos y vívidos.

Mantenerse despierto por un tiempo

Cuando se despierte, debería despertar y escribir su sueño en su diario, si es que tiene uno. Puede caminar por ahí o conseguir algo de comer. El objetivo es asegurar que permanezca consciente, y que su mente esté alerta y activa. Su cuerpo, sin embargo, sigue dormido y lleno de las hormonas adecuadas. Los expertos dicen que puede permanecer despierto hasta 30 minutos antes de que le resulte difícil mantener la lucidez en sus sueños.

Concéntrese solo en el sueño

Debería concentrarse en su sueño antes de irse a dormir. Después de que haya caminado un poco, cierre los ojos y vaya a la cama. Si pudiera recordar el sueño que estaba teniendo, debería recordarlo antes de volver a la cama. Visualice que está de vuelta en el sueño, y esto puede tomar algún tiempo para que suceda. Sin embargo, hay una buena posibilidad de que vuelva a tener ese sueño.

Busque otras formas de concentrarse

Si le resulta difícil concentrarse en su sueño cuando intenta volver a dormirse, debe utilizar diferentes formas de concentrarse en su sueño. Si no recuerda nada de su sueño, puede concentrarse en algunos pequeños movimientos, como mover los dedos. Debe repetir este movimiento hasta que se duerma.

MILD

MILD es un acrónimo de "Inducción Mnemotécnica de Sueños Lúcidos", y es mejor combinar esta técnica con WBTB. Necesita concentrarse cuando usa este método para practicar el sueño lúcido.

En esta técnica, usted usa mantras o frases para ayudarle a convencer a su mente de mantener la lucidez en sus sueños. Puede repetir este mantra, "Sé que estoy soñando", antes de ir a la cama. Esta es la forma más fácil de convencer a su mente de que solo está en un sueño. También puede pasar algún tiempo durante el día para visualizar un posible sueño. Puede decirle a su mente que quiere volar en su sueño. Repita esta visión para sí mismo hasta que esté seguro de que el pensamiento se ha manifestado en su mente, o hasta que se quede dormido.

Esto puede tomar tiempo para dominarlo, pero si está luchando, trate de convencerse de que debe despertar inmediatamente después de su sueño. Alternativamente, puede usar el método WBTB para hacer esto. Cuando esté despierto, trate de recordar su sueño, y haga una nota de ello en su diario. Antes de volver a la cama, concéntrese en su sueño y visualícelo. Debe usar esta técnica solo después de haber practicado el sueño lúcido durante algún tiempo.

Autosugestión

La autosugestión es una técnica muy eficaz y se ha utilizado en la investigación científica. Esta técnica incluye la hipnosis, por lo que solo se utiliza si se está cómodo con la hipnosis. Utilice un mantra similar al que usamos en el capítulo anterior. Debería repetirse a sí mismo que tendrá un sueño lúcido. Repita este mantra continuamente para convencer a su mente de que tendrá un sueño lúcido. No fuerce este pensamiento en su mente, ya que puede cambiar la forma en que su mente percibe la idea del sueño lúcido.

También puede usar esta técnica para ayudarle a recordar sus sueños. En lugar de decirse que tendrá un sueño lúcido esta noche, diga a su mente que recordará sus sueños a la mañana siguiente. Cuando se concentra en este pensamiento, puede recordar el sueño a la mañana siguiente. Este método puede ser efectivo, pero no funciona para todo el mundo. Si quiere mejorar las posibilidades de éxito, use la meditación para calmar su mente.

Siga los pasos que se indican a continuación para utilizar esta técnica:

- Debe repetirse a sí mismo cada minuto que tenga algún tiempo que tendrá un sueño lúcido. Esta es la única manera de convencer a su mente de que permanezca activa durante un sueño.

- Puede usar cualquier mantra. Considere los siguientes:

  o Sabré que estoy soñando
  o Tendré un sueño lúcido esta noche
  o Definitivamente seré consciente de todo en mi sueño

Continúe repitiendo este mantra hasta que se vaya a la cama. Debe asegurarse de permanecer concentrado y asegurarse de decir la misma frase repetidamente. Esta es la única manera en que puede hacer saber a su mente que permanecerá activo o lúcido en su sueño.

Esto puede sonar extremadamente simple, pero esta técnica funciona mejor si recuerda ser consistente. Lo único que debe recordar es que nunca debe forzarla. No fuerce el sueño lúcido o el pensamiento de un sueño lúcido, pero deje que su mente se haga consciente o lúcida en su sueño.

WILD

El método WILD es la técnica de "Cuerpo dormido y mente despierta" de la que hablamos antes en el libro. Esta técnica hace que sea fácil para usted entrar en un estado de sueño lúcido directamente. Siga los pasos que se dan a continuación si quiere usar esta técnica:

- Lo primero que debe hacer es acostarse en su cama y cerrar los ojos. Alternativamente, puede despertarse después de cuatro horas de sueño. Para ello, debe relajarse tanto mental como físicamente.

o La mejor manera de relajarse es meditando. Esta es una de las formas más fáciles de cambiar de su estado de vigilia a su estado de sueño.

o Asegúrese de no moverse demasiado, pero relájese.

• Cuando esté relajado y tranquilo, concéntrese en la oscuridad y deje que sus pensamientos vaguen. Necesita seguir cualquier pensamiento o imagen que le venga a la mente cuando esté en este estado. Esto se conoce como hipnagogía. Según el diccionario Merriam Webster, "Una alucinación hipnagógica es una sensación vívida y onírica que un individuo oye, ve, siente o incluso huele". Ocurre cerca del comienzo del sueño". Lo único que debe hacer es relajarse y mantener la calma.

• Ahora, cree su escena de sueño. Cuando deje que sus pensamientos le lleven, puede crear la escena adecuada para sus personajes y su sueño. Visualice su sueño con todos los detalles que pueda. Dedique un tiempo a mirar los alrededores. Esta es la única manera en que su conciencia se eleva.

• Finalmente está en el estado de cuerpo dormido y mente despierta, donde su cuerpo está dormido, pero su mente está despierta. Cuando todo esté finalmente en su lugar, estará soñando. Pasa del estado de vigilia al estado de sueño conscientemente.

Método del Tercer Ojo

El método del tercer ojo, también conocido como el método de los chakras, es una de las técnicas comunes que utilizan los principiantes para mantenerse lúcidos o conscientes cuando sueñan. Si usa esta técnica, debe enfocarse en el chakra del tercer ojo o en el espacio entre las cejas. También debe seguir un patrón de respiración sincronizada, ya que ayuda a que su mente se relaje. Esto hace que sea más fácil para usted ser consciente de sus sueños. El método del tercer ojo se basa en la técnica WILD, y la única diferencia es que este método utiliza la meditación. Utilice este método antes de probar el método de los sueños lúcidos inducidos por la vigilia. Siga los pasos que se dan a continuación para practicar esta técnica:

● Lo primero que debe hacer es ir a la cama y acostarse. El objetivo de este método es asegurarse de que solo se concentre en la energía de su chakra del tercer ojo. Así que, respire profundamente y enfóquese en su tercer ojo.

● Ahora, lentamente comience a enfocarse en tener sueños lúcidos. Cuando se queda dormido, su mente permanece activa y se enfoca en tener sueños lúcidos. Esto es similar al paso WILD, y puede cambiar fácilmente del estado de vigilia al estado de sueño.

● Lo último que necesita hacer es concentrarse en su respiración. Debe concentrarse en cada aspecto de su sueño, para que tenga un sueño lúcido esa noche.

Capítulo ocho: Cómo explorar su Tierra de los Sueños

Hay innumerables posibilidades y escenarios que puede explorar en un sueño lúcido. Los sueños lúcidos no se rigen por los principios generales de tiempo y espacio que regulan el mundo físico. Sin embargo, algunas personas no son conscientes de lo que deben hacer o de dónde empezar una vez que están en un sueño lúcido. Si no sabe qué hacer después de llegar allí, se anula el propósito del sueño lúcido por completo. Para sacar el máximo provecho de su sueño lúcido, aquí hay algunas sugerencias simples que puede utilizar.

Empiece a volar

¡Canalice su superhéroe interior y empiece a volar! Esta es quizás una de las cosas más emocionantes que puede probar en un sueño lúcido. Sin embargo, no empiece a volar a menos que se haya estabilizado en el sueño lúcido. Si lo hace demasiado rápido, es probable que se despierte. Si alguna vez se ha preguntado qué se siente al volar como un pájaro en el cielo, ahora es el momento de explorarlo. Para empezar a volar, visualice que una poderosa energía está explotando en sus pies, trabajando contra la fuerza de gravedad, y empujándole hacia arriba.

Pruebe la acrobacia

¿Quiere pasar de una liana a otra como Tarzán? ¿O quizás saltar de un edificio a otro como la elegante Gatúbela? Si es así, ¡pruebe con las acrobacias! No tiene que preocuparse por lesiones físicas o mortales mientras se balancea sin esfuerzo como un acróbata. Salte de un edificio a otro o incluso dé una voltereta para ver hasta dónde puede llegar. Deje que su artista del Cirque Du Soleil le guíe.

Conozca a los famosos

¿Quién no querría conocer a sus celebridades favoritas? Independientemente de si es una estrella de cine o un jugador de fútbol, puede conocer a quien quiera en su mundo de ensueño. Todo lo que necesita hacer es simplemente visualizar a la persona que desea conocer y creer que estará presente en algún lugar de su mundo de los sueños. Por ejemplo, podrían vivir en la calle que usted ha visualizado, y solo tienes que ir a la casa específica. Después de todo, no hay límites cuando se trata de un sueño lúcido, y no tiene sentido restringirse o limitarse por las restricciones del mundo normal.

Intente el teletransporte

Cualquiera que haya visto películas de ciencia-ficción se siente a menudo intrigado por la idea de la teletransportación. Imaginen lo simple que sería moverse de un lugar a otro sin mover un dedo. En lugar de eso, usará el poder de su mente. No tiene que viajar físicamente, pero todo lo que necesita hacer es pensar en un destino, y voila, está allí. Si esta idea le fascina, no hay mejor momento que el presente para empezar a explorarla. Una vez que se haya inducido a un sueño lúcido, intente la teletransportación. Puede saltar de un lugar a otro, o incluso de un mundo a otro. Es bastante fácil; todo lo que necesita hacer es visualizar el lugar al que quiere ir, y hacer que exista. Después de que visualice el lugar, empiece a girar lentamente, y crea que llegará a su destino una vez que deje de girar.

Conviértase en una estrella de cine

¿Por qué debería limitarse a conocer a sus celebridades favoritas? Ahora tiene el poder de convertirse en una estrella de cine. Si quiere estar en una película, puede crear su propia película en el país de los sueños. Usted es el actor, director, productor y guionista. Si hay una película que se gusta, puede intentar recrearla. Si quiere, también puede hacer que otras celebridades protagonicen su película soñada. Para experimentar realmente el poder del sueño lúcido, intente hacer sus sueños tan realistas como pueda. Visualice cada pequeño detalle y experimente todos los sentimientos.

Sexo en sueños

Si ha tenido sexo antes, es muy fácil conjurar todos estos sentimientos en su sueño lúcido. El sexo en sueños lúcidos es bastante emocionante, y es una de las cosas más increíbles que puede experimentar. Debe recordar, si acaba de empezar con el sueño lúcido, el guardar todas las cosas excitantes para más tarde. A menos que aprenda a ponerse en la base del sueño lúcido, cualquier actividad excitante que haga le despertará. Por lo tanto, primero concéntrese en dominar el arte del sueño lúcido antes de soñar con cosas excitantes.

Con todo, su mente es extremadamente poderosa, y necesita tener en cuenta que no debe seguir visualizando a la misma persona en todos sus sueños lúcidos. Puede llegar a ser difícil distinguir entre la realidad y los recuerdos del mundo de los sueños. Aprenderá más sobre las cosas que no debe hacer en el mundo de los sueños en capítulos posteriores.

Control del pensamiento

¿No sería asombroso y divertido si pudiera leer la mente? La capacidad de saber lo que otros están pensando es un pensamiento emocionante, y los humanos han estado explorando esta posibilidad durante años. Puede mirar a alguien y saber con precisión lo que está pensando sin ningún filtro y sentir lo que está experimentando. Si quiere hacer esto, puede usar el control del pensamiento. Simplemente mire un personaje ficticio en su lúcido espacio de sueños y canalice su conciencia desde su cuerpo hacia el personaje del sueño para discernir lo que está sintiendo.

Cambie de forma

¿Por qué no intenta cambiar de forma? Puede transformarse en cualquier bestia que camine por la Tierra. Tal vez pueda transformarse en un guepardo y experimentar lo que es ser el ser vivo más rápido de la Tierra. O quizás podría transformarse en la majestuosa ballena azul. Tal vez podría intentar transformarse en una criatura ficticia, como el grifo o el dragón. Imagine lo que se sentiría ser un dragón que respira fuego y que se eleva en el cielo.

Aléjese de la Tierra

Varias películas de ficción científica han explorado la idea de la vida en otro planeta. Si alguna de estas ideas le ha intrigado alguna vez, ahora es el momento de probarlas. Tiene el poder de alejarse de la Tierra y vivir en otro planeta. ¿Por qué no intenta viajar a Marte o quizás a Júpiter? Tiene la libertad de volar a donde quiera y visitar cualquiera de los planetas. Si quiere ser un poco más creativo, ¡puede pensar en inventar su propio planeta!

Reviva los recuerdos

Probablemente usted tiene muchos recuerdos agradables que le llenan de alegría. Con un sueño lúcido, usted tiene la oportunidad de revivir esos recuerdos. Si hay algún caso en su vida en el que desea reaccionar de forma diferente o tener una respuesta diferente a la situación, intente revivirlos una vez más. Cuando se trata de un sueño lúcido, tiene completo control sobre lo que sueña y cómo progresa el sueño.

Flote en el espacio

¿Quiere sentirse como un cosmonauta en el espacio? Bueno, ahora es su momento para hacer esto. Si quiere, también puede darle un vistazo para ver cómo es el universo. El mundo es ciertamente bastante grande, y se vería brillante desde el espacio. Una vez que aprenda a volar perfectamente en su sueño lúcido, use este nuevo súper poder para viajar hacia arriba. Atraviese la estratósfera hasta llegar al espacio exterior.

Escuche música

Todo lo que experimenta en el sueño se magnifica más de lo que realmente es en la realidad. Por lo tanto, incluso una pequeña actividad se vuelve más pronunciada y profunda. Algo tan simple como escuchar música puede ser elevado y llevado al siguiente nivel. Si quiere, puede organizar un concierto personal con su cantante favorito o incluso escuchar ópera. En un sueño vívido, si escucha música, el efecto general es ciertamente amplificado. Todas las emociones y pequeños matices de la música que a menudo se nos escapan en el mundo real se magnifican en los sueños lúcidos. Una vez que escuche música en sus sueños lúcidos, cambiará realmente cómo se siente en el mundo real. Todo lo que experimente en el país de los sueños se quedará con usted porque es consciente y está al tanto de todo, incluso mientras sueña.

Pruebe algo nuevo

¿Tiene miedo de salir de su zona de confort? Si es así, probar algo nuevo en su sueño lúcido es una buena idea. Después de todo, un sueño lúcido ayuda a crear un ambiente seguro para explorar lo que quiera sin preocupaciones. Si quiere saltar en paracaídas, intente hacerlo en un sueño lúcido. Aunque nunca lo haya hecho antes, todos los recuerdos que se le han quedado grabados en la mente por los vídeos que ha visto o las historias que ha escuchado pueden ser reproducidos en el estado de sueño.

Cámara lenta

Vivimos en un mundo increíblemente agitado y ocupado. Todo el mundo parece tener prisa por llegar a algún sitio. Tan pronto como se despierta por la mañana, tiene que vestirse y correr al trabajo. Una vez que el trabajo termina, tiene que correr a casa. Si quiere darse un respiro de todo este apuro, tómese un descanso y entre en su mundo de los sueños. Puede vivir la vida a cámara lenta en sueños lúcidos. Tiene el poder de ralentizar el tiempo y vivir la vida a cámara lenta. Cuando está extremadamente ocupado, es muy poco probable que pueda notar las pequeñas cosas de la vida. Por ejemplo, puede que no tenga tiempo para ir más despacio y oler las rosas. En un sueño lúcido, tiene todo el tiempo que necesita para hacer todo esto. Cuando viva la vida en cámara lenta, puede finalmente experimentar la belleza del amanecer y el atardecer, el gorjeo de los pájaros y las simples alegrías de la naturaleza.

Controle el tiempo

¿Qué tan maravilloso sería si pudiera controlar el tiempo? Con el sueño lúcido, puede volver a su pasado, explorar el futuro o conectar con su presente. Independientemente de lo que quiera hacer, tiene el poder de hacerlo. Puede ralentizar el tiempo y también puede controlarlo. Puede volver a visitar un suceso histórico, reescribir la historia en su mente, o hacer una visita rápida a su futuro.

Sexo opuesto

A menudo se dice que los hombres son de Marte y las mujeres de Venus. ¿Alguna vez tuvo curiosidad sobre lo que el sexo opuesto siente y piensa? Ahora es el momento de entender cómo sería vivir la vida como su sexo opuesto. Puede hacer todo esto sin cirugías costosas, dolorosas y complicadas. Siga la misma técnica que se mencionó para el teletransporte. Visualice lo que quiere lograr, comience a girar, y una vez que deje de girar, se transformarás en su sexo opuesto. ¿Recuerda el movimiento, "Cambiar"? El personaje principal de la película, un macho alfa, se transforma en una mujer. ¡Bueno, puede probar esto también!

Explore otro personaje

Puede conjurar cualquier personaje que quiera en su estado de sueño y convertirse en ese personaje. De hecho, puede transformarse en cualquier persona que quiera ser. ¿Por qué limitarse a las celebridades y a los famosos? Puede transformarse en su mejor amigo, compañero, padre, o incluso un conocido en el trabajo. Esta es también una gran manera de entender cómo piensan los demás. Literalmente se pone en el lugar de otra persona. Si le cuesta asociarse con los demás o le falta empatía, pruebe esta técnica. Puede explorar con seguridad sus límites y los de los demás sin ningún daño. Intente tener conversaciones con este personaje de ensueño o con la persona en la que se transforma.

Otra idea sencilla es explorar la mente de sus personajes de ensueño. Por ejemplo, si sale a tomar una copa con sus amigos, imagine el escenario en su cabeza. Intente jugar a lo que dirían los demás mientras se divierte. Esta técnica es útil mientras analizas las diferentes relaciones de su vida. Por ejemplo, si tiene dudas sobre si una relación es saludable o no, intente hacerlo.

Sobreviva a un Apocalipsis

¿Le gusta ver películas sobre el apocalipsis? Ya sea una invasión de zombis, un ataque alienígena, o tal vez el fin del mundo, independientemente de lo que le guste, tiene la oportunidad de experimentarlo todo. ¿Se ha divertido viendo una película de zombis? Imagine lo divertido que sería si usted fuera parte de esa película. Otra cosa brillante de esta técnica es que puede usar sus otros súper poderes para derrotar a estos zombis o monstruos que ha imaginado. Por ejemplo, puede volar como Superman, canalizar su Hulk interior, o hacer cualquier otra cosa que quiera. Sin embargo, mientras lo hace, asegúrese de que el sueño no se convierta en una pesadilla. Cuando las cosas empiecen a ponerse feas, reúna conscientemente sus pensamientos y cambie el guión. Después de todo, el propósito de un sueño lúcido no es despertarse con sudor frío.

Encuentre su guía espiritual

Tal vez una de las cosas más interesantes y brillantes que puede hacer mientras explora un sueño lúcido es encontrar su guía espiritual. Su guía espiritual o ángel guardián le mantendrá a salvo y le ayudará a encontrar soluciones a cualquier problema que pueda estar experimentando en la vida. A veces, el truco está en decir simplemente: "Quiero encontrar a mi guía espiritual". Se cree que necesita preguntarle a la entidad, "¿Eres mi guía espiritual?" tres veces para confirmar que es su guía espiritual real y no una entidad malévola. Aprenderá más sobre esto en los capítulos siguientes. Si la entidad no lo confirma tres veces, no es su guía espiritual. No olvide esta regla cada vez que llame a su guía espiritual en el mundo de los sueños.

Lidie con sus miedos

¿Tiene algún miedo o fobia? Tal vez le asusten los espacios cerrados o el hablar en público. Tal vez las arañas o las aguas profundas le asustan. Independientemente de sus miedos, puede explorar con seguridad la causa de sus miedos en un sueño lúcido. Siempre que se sienta abrumado o asustado, puede terminar el sueño o convertirlo en algo agradable.

Practique los escenarios de la vida real

¿Hay algún escenario de la vida real que le intimide o le abrume? Tal vez estaba nervioso por una gran presentación en el trabajo, o una entrevista de trabajo. O tal vez tiene miedo de tener una cita. Independientemente de la circunstancia, puede ensayar y practicar para ello en su mundo de los sueños. En lugar de ensayar todo esto en el mundo real, hacerlo en el mundo de los sueños es más fácil. También le permite explorar la misma situación desde la perspectiva de otra persona y no solo la suya. Así que, la próxima vez que se encuentre preocupado por una entrevista, recurra a sus sueños, y las cosas serán más fáciles.

También puede entrenarse para hablar delante de grandes grupos para deshacerse de cualquier miedo que tenga. Una advertencia: no intente experimentar con demasiados escenarios de la vida real. Puede que llegue a una etapa en la que empiece a creer que ha hecho o dicho algo en la realidad, cuando todo lo que hizo fue pensar en ello en el mundo de los sueños. No querrá quedarse atrapado en una situación en la que crea que tuvo una llamada telefónica importante, solo para darse cuenta de que solo fue un sueño.

Una vez que siga los diferentes consejos discutidos en esta sección, disfrutará realmente de un sueño lúcido. Sin embargo, tenga paciencia consigo mismo. El sueño lúcido es una habilidad que debe desarrollar lentamente. Puede tomar un par de intentos, pero los resultados le dejarán gratamente sorprendido. Antes de intentar cualquier actividad excitante, no olvide concretar el sueño. Después de que el sueño se haya estabilizado, deje que su creatividad se desate y explore lo que quiera.

Capítulo nueve: Encontrando los guías espirituales en sueños lúcidos

¿Qué es un guía espiritual?

¿Hubo ocasiones en las que usted hizo algo que no tenía ningún sentido, pero que resultó ser exactamente lo que se suponía que debía hacer? Tales casos a menudo le dejan preguntándose por qué actuó como lo hizo. Si tuvo tales experiencias en la vida, entonces es una interacción con su guía espiritual. Un guía espiritual es una entidad que tiene poder y tiene la energía que utiliza para comunicar ciertos pensamientos, sentimientos, respuestas y curación a otros. Los guías espirituales irradian energía positiva y ofrecen asistencia de una forma u otra. Se les conoce como guías porque ayudan en una situación implantando un pensamiento en su cabeza para mantenerle a salvo. Los guías espirituales también son conocidos como ángeles guardianes. Puede conocer a estos guías espirituales en su tierra de los sueños.

Tipos de guías espirituales

Los guías espirituales pueden ser en forma de guías ancestrales, maestros ascendidos, un guía espiritual común, o incluso guías animales. Un guía ancestral es una entidad con la que usted tiene alguna forma de relación o que está relacionada con usted y su familia. Podría ser un ancestro muerto hace mucho tiempo o alguien a quien una vez estuvo cerca y ya no lo está. Cualquiera con sus mejores intenciones y que tenga un parentesco con usted, a menudo se reencarna en un guía espiritual. Sus guías ancestrales están relacionados con usted por sangre y a menudo se cree que son ángeles guardianes en diferentes culturas.

Un maestro ascendido es un individuo que realiza reiki o cualquier otro tipo de curación energética. Los maestros ascendidos son seres físicos que llevan una vida física pero que han pasado a planos de energía más elevados, como Lord Krishna, Buda o incluso Jesús. Los maestros ascendidos a menudo trabajan con un grupo de almas y no solo con seres individuales, a diferencia de los guías ancestrales.

Un guía espiritual típico es a menudo simbólico o representativo de un guía específico y puede adoptar la forma de un narrador, una harpía sabia o incluso un guerrero. Normalmente aparecen con un propósito específico. El propósito es a menudo enseñarle o incitarle a seguir un buen camino. También pueden ayudar a resolver cualquier problema que usted pueda estar enfrentando. Otro tipo común de guía espiritual que puede encontrar son los guías espirituales animales. Los guías espirituales animales funcionan más como compañeros. Por ejemplo, podría encontrarse con una mascota fallecida que estaba allí para ayudarle en el proceso de duelo. Según las tradiciones espirituales que prevalecen en las culturas chamánicas y en ciertas culturas nativas americanas, cada individuo tiene un tótem animal o un guía espiritual animal, que le ayuda a protegerse de las energías negativas o actúa como luz guía.

Encontrado su guía espiritual

Ahora que usted es consciente de lo que es un guía espiritual, trate de concentrarse en encontrar uno en su tierra de los sueños. Hay diferentes técnicas que puede usar para encontrarse con uno, pero no se desanime si no funciona inmediatamente. Como con cualquier otra cosa en la vida, requiere algo de tiempo, esfuerzo y paciencia. Aquí hay algunos consejos simples que puede usar para encontrar y conocer a su guía espiritual.

Meditación

La meditación es una herramienta poderosa porque ayuda a conectar su subconsciente con los vastos poderes del universo. Antes de empezar a meditar para encontrar a su guía espiritual, asegúrese de que su mente esté libre de todo pensamiento y desorden. Concéntrese solo en encontrar a su guía espiritual y nada más. No piense en la meditación como un destino. Más bien, es un viaje. Para empezar este viaje, visualícese en un bosque sereno, en la playa, en una ladera de montaña o en cualquier lugar que le relaje. No piense en nada más, y concéntrese solo en explorar los alrededores. Mientras empieza a explorar el paisaje de ensueño, es probable que se encuentre con su guía espiritual.

Como se mencionó en la sección anterior, su guía espiritual es un arquetipo y podría venir en diferentes formas. La forma del guía espiritual es simplemente una representación de ciertas características y rasgos que usted valora. Por ejemplo, su guía espiritual podría tomar la forma de Martin Luther King Jr. No significa que sea su guía espiritual, sino que es una representación y la encarnación de los rasgos apreciados por usted, como la libertad, la resistencia y el coraje.

Busque señales

Una forma sencilla de conocer a su guía espiritual es pedirle una señal o un presagio. Los guías espirituales a veces se presentan a través de símbolos y señales. Estos símbolos, señales y presagios pueden ser bastante básicos o complicados. Todo lo que necesita hacer es simplemente buscarlo. A menos que le haga una pregunta al guía espiritual, no obtendrá la respuesta que necesita. Si se encuentra en un dilema, pida una sugerencia o una solución, y una vez que haya hecho su petición, empiece a buscar señales.

Por ejemplo, si está considerando cambiarse a un nuevo lugar, pero tiene miedo de hacerlo, pida a su guía espiritual algún consejo. Si nota algunas señales, como una conversación al azar con un amigo perdido hace mucho tiempo en la misma ciudad a la que estás pensando en mudarse, o quizás note vehículos con matrículas de la zona a la que está pensando en mudarse, son señales que pueden aparecer en momentos y lugares al azar. Todo lo que necesita hacer es buscarlas conscientemente. Si encuentra estas señales, significa que un guía espiritual está tratando de llegar a usted.

Viaje de ensueños

Un viaje de ensueño es bastante similar a la meditación y también se conoce como búsqueda de la visión. Es esencialmente una técnica usada para encontrar su guía espiritual a través de la mente subconsciente. A diferencia de la meditación, en la que usted está despierto, el viaje en sueños ocurre en su estado de sueño. Está dormido mientras realiza este viaje con un propósito. El sueño lúcido puede ayudarle a conectar con su guía espiritual. Antes de dormir, concéntrese en su propósito de encontrar al guía espiritual, y concéntrese en lo que está tratando de lograr. Si encuentra a alguien durante sus sueños lúcidos, no olvide anotarlo tan pronto como se despierte. Anote sus conversaciones, y toda la información que obtenga de la otra persona.

Intuición

¿Hubo ocasiones en las que una pequeña voz en su cabeza le incitó a hacer algo? Tal vez le dijo que era hora de seguir adelante, de ir en otra dirección, o de escuchar lo que los demás decían. La vocecita que a menudo le habla es su intuición. La mayoría de nosotros despreciamos nuestra intuición, pero es bastante poderosa. La voz intuitiva, que le guía en la dirección correcta o le previene del daño, podría manifestarse como su guía espiritual. Para identificar la presencia del guía espiritual, escuche esta voz interior, y evalúe las sugerencias que le da. Si sus ideas intuitivas son correctas y le ayudan, es su guía espiritual tratando de conectarse con usted.

No hay reglas rígidas y rápidas sobre los guías espirituales. Puede tener uno o varios guías espirituales que se turnan y aparecen en su vida. Recuerde, un guía espiritual solo aparece en momentos de necesidad y no cuando los llama. A menos que haya una necesidad real, un guía espiritual podría no aparecer, así que no se desanime.

Conecte con su guía espiritual

La orientación está siempre a su alcance, pero no la recibirá a menos que la pida expresamente. Si necesita ayuda para resolver un problema o un dilema, pídale ayuda a su guía espiritual. Cuanto más pida, más posibilidades tendrá de recibirla. Eso no significa que no deba confiar en sí mismo. Simplemente significa que está pidiendo un poco de ayuda para llegar a donde quiere. Un taxi no se detendrá por usted a menos que le haga señas agitando sus brazos; de la misma manera, sus guías espirituales podrían no llegar a usted porque usted no los ha solicitado. No se trata solo de preguntar; asegúrese de escuchar los consejos de sus guías espirituales. No puede escucharlos a menos que calme su mente y libere su desorden mental. Una vez que se calme, se hace más fácil conectar con su guía espiritual. Puede usar la meditación para alcanzar este objetivo.

Puede pedir ayuda a sus guías espirituales anotando todas las áreas en las que necesita ayuda. Comience con la meditación y tome un diario. Escriba su problema, pida ayuda a los guías espirituales y empiece a escribir los pensamientos que fluyen en su cabeza. Para buscar la ayuda de su guía espiritual, puede decir algo como, "Querido guía espiritual de la verdad, el amor y la compasión, te invito a escribir a través de mí, así sabré lo que se supone que debo saber".

Su trabajo no termina aquí. Después de que busque orientación, también debe estar atento a las señales. Como se discutió en la sección anterior, los guías espirituales a menudo ofrecen orientación a través de diferentes señales, símbolos y presagios. Empiece a buscar estas cosas.

Antes de empezar a seguir ciegamente los consejos que reciba de sus guías espirituales, es importante comprobar si la entidad que encuentra en el país de los sueños es su guía espiritual o no. A veces, las energías malévolas o cualquier otra persona que invada sus sueños puede aparecer como su guía espiritual. Así que preste mucha atención a los consejos que reciba. Si intenta el consejo y nada bueno sale de él, es otra señal que no debe ignorar. Incluso si su guía espiritual se parece a su pariente o a alguien en quien confía, ser cauteloso es una buena idea. Si toda la información que recibe del espíritu va en contra de sus creencias, la lógica o el sentido común, la entidad con la que está interactuando podría no ser su guía espiritual. Aprenderá más sobre cómo protegerse de las energías negativas y los invasores de sueños en los capítulos siguientes.

Capítulo diez: 14 cosas que NUNCA hay debe cuando sueña lúcidamente

El sueño lúcido es divertido y excitante. Le permite hacer lo que quiera y explorar su creatividad sin preocupaciones. Ya que tiene el poder de hacer lo que quiera, es importante permanecer en el estado mental correcto y tener buenas intenciones en el corazón. Incluso si es seguro, hay ciertas cosas que nunca debe intentar durante el sueño lúcido. Solo porque tenga el poder de hacer lo que quiera, no significa que deba hacerlo. El propósito del sueño lúcido es explorar su subconsciente; aprender, experimentar y explorar. Por lo tanto, debe evitar cualquier cosa que no sea positiva o constructiva. En esta sección, vamos a ver ciertas cosas que nunca debe intentar durante el sueño lúcido.

Error #1: Violencia

Soñar lúcidamente es diferente a jugar a un videojuego violento. Recuerde, un sueño lúcido no es un episodio de *Grand Theft Auto*. Cada escenario que explora y las diferentes personas que aparecen en ellos son extensiones de su personaje y su subconsciente. Así que, cualquier violencia contra otras entidades en su sueño es simplemente una forma de auto daño. Si hace daño a alguien, se hace daño a sí mismo, y usted no desea eso. Como el sueño lúcido es extremadamente vívido, cualquier daño físico o violencia dirigida a otros podría mantenerse fresca incluso después de despertar.

Error #2: Falta de planificación

La planificación es importante en todos los aspectos de su vida, y un poco de planificación también es importante para soñar. Si comienza a soñar lúcidamente sin un plan o una meta en mente, es probable que termine simplemente parado ahí u olvidando lo que se supone que debe hacer. Por lo tanto, antes de empezar a soñar lúcidamente, asegúrese de tener un objetivo específico en mente. No solo mejora su experiencia general sino que también se convierte en una oportunidad de aprendizaje. Repita su objetivo, justo antes de dormirse, o piense en ello todo el día. Una vez que este objetivo se incrusta en su subconsciente, se queda con usted incluso en el país de los sueños.

Error #3: Actividades extremadamente emocionantes

Darse el gusto en actividades extremadamente emocionantes puede terminar con el sueño lúcido. Si su mente está demasiado estimulada, es muy probable que se despierte del sueño. Antes de intentar hacer algo emocionante, asegúrese de haber estabilizado en el mundo de los sueños y en el sueño mismo. Por ejemplo, si se da cuenta de que está soñando lúcidamente, y su primera actividad es saltar a la cama y tener sexo caliente, es poco probable que el sueño continúe. Lo más probable es que se encuentre muy despierto e inquieto en la cama. Antes de que intente algo de esto, asegúrese de tener algo de práctica sobre el sueño lúcido. Una vez que domine las diferentes técnicas discutidas en este libro, será más fácil darse el gusto en actividades excitantes.

Error #4: Cerrar los ojos

Cuando cierra los ojos en el sueño lúcido, se despierta. Cuando está soñando lúcidamente, está viendo y experimentando cosas desde su perspectiva. Al cerrar los ojos, está terminando ese sueño de manera efectiva. Si su objetivo es terminar el sueño y despertar, entonces cierre los ojos.

Error #5: Pensar en su cuerpo

Centrarse en el sueño y permanecer en el país de los sueños cuando está lúcido se hace difícil si sigue pensando en su cuerpo de la vida real. Si el único pensamiento en su mente es acerca de su cuerpo físico acostado en la cama, ¿cómo puede concentrarse en el sueño? Si quiere permanecer inmerso en el sueño y desea cosechar los diversos beneficios del sueño lúcido, deje de pensar en su cuerpo.

Error #6: Recuerdos de la vida real

Deje de pensar en situaciones que se parecen a sus recuerdos o experiencias de la vida real. Aquí hay un ejemplo simple: supongamos que usted está en un sueño lúcido, y está hablando con un posible cliente. Ha negociado con éxito los términos de un contrato y ha cerrado el trato. Si está muy eufórico y feliz cuando se despierta, puede creer que el sueño lúcido fue una realidad, y ha cerrado el trato. ¿Por qué sucede esto? Los sueños lúcidos son bastante vívidos, y a veces, estos recuerdos pueden mezclarse con los de la vida real. Por lo tanto, lo más simple que puede hacer es evitar pensar en recuerdos que son bastante similares a su vida despierta.

Error #7: Pensamientos malos o negativos

Los aterradores sueños lúcidos pueden sonar intrigantes y excitantes. ¿Quiere evitar las pesadillas durante los sueños lúcidos? Si es así, evite pensar en cosas malas o negativas. Recuerde, un sueño lúcido es una extensión de su subconsciente. La forma más simple de evitar que los pensamientos negativos o malos se desvíen hacia sus sueños lúcidos es meditar o repetir las afirmaciones positivas antes de dormir. Un pensamiento positivo hace una mejor experiencia de sueño lúcido. Además, un sueño lúcido no es un escape o un mecanismo de supervivencia. Lidie con cualquier problema que tenga en la vida antes de intentar resolverlo en el país de los sueños.

Mucha gente usa los sueños lúcidos para explorar sus miedos y preocupaciones más oscuros. O tal vez le encanta el género de terror y quiere ver si puede sobrevivir a su película de terror favorita. Inicialmente, sería mejor evitar todos los pensamientos negativos y de miedo. Está en un estado especial del subconsciente durante el sueño lúcido. Si no quiere intensificar más sus miedos, evite pensar en ellos. Puede intentar superar sus miedos una vez que le haya cogido el truco al sueño lúcido. Si no, ¡simplemente está induciendo pesadillas!

Error #8: Recrear individuos consistentes de la vida real

La gente que conoce puede aparecer en algunos de sus sueños lúcidos. Es bastante normal soñar con otras personas que conoce. Sin embargo, deje de obsesionarte con una sola persona. Si alguien que conoce aparece repetidamente en sus sueños lúcidos, su mente creará recuerdos falsos. Como se mencionó en los puntos anteriores, usted puede regular su subconsciente en la tierra de los sueños lúcidos. Si sigue saliendo con una persona específica en el país de los sueños, tiene varias conversaciones y hace cosas juntos, sus recuerdos de la vida real se vuelven borrosos. Su cerebro se confundirá cuando se encuentre con dicha persona en la vida real. También podría estar decepcionado cuando no sienta la conexión especial que tuvo en el país de los sueños. Todo esto se debe a los recuerdos confusos. Como regla general, evite pasar demasiado tiempo en sueños lúcidos con gente que conoces en la vida real.

Error #9: Excesivo control

Puede controlar y dictar el curso que toma un sueño lúcido. Dicho esto, ejercer demasiado control quitaría la experiencia mágica que se supone que es el sueño lúcido. Si acaba de empezar o no tiene mucha experiencia, no puede ejercer mucho control sobre sus sueños. No se frustre si no puede controlar su estado de sueño. Simplemente significa que necesita más práctica para dominarlo. Requiere práctica, esfuerzo constante y mucho tiempo. Una vez que esté dispuesto a comprometerse y a hacer el esfuerzo requerido, disfrutará realmente de los beneficios de un sueño lúcido.

Error #10: Mirarse en los espejos

¿Qué pasa cuando cierra los ojos o piensa en su cuerpo en la vida real? Ambas cosas le despertarán. De la misma manera, mirarse en un espejo hace lo mismo. Puede ser emocionante, y puede que tenga curiosidad por ver su reflejo en un espejo durante un sueño lúcido. Sin embargo, trate de entender que los espejos no funcionan como lo hacen normalmente en la vida real durante el sueño lúcido. Si va a mirarse en un espejo mientras sueña, espere que sea diferente. A veces, el reflejo en el espejo puede ser un poco aterrador, y puede despertarle. Por lo tanto, entienda lo que puede esperar y acepta el hecho de que el reflejo puede ser un poco aterrador. Una vez que esté preparado, no se despertará accidentalmente. Otro escenario probable, que debe considerar es que el espejo podría reflejar lo que está sintiendo y su estado mental general. Si está en un estado feliz y tiene pensamientos positivos, el reflejo sería más positivo, y viceversa.

Error #11: No establecer un límite de tiempo

El sueño lúcido es divertido y excitante. Sin embargo, tenga cuidado con el tiempo que pasa en la tierra de los sueños. Si el sueño lúcido es la única razón por la que se va a la cama por la noche o es el aspecto más excitante de su día, algo está mal. Como con cualquier otra cosa en la vida, tiene que haber algún equilibrio. Cuando se desequilibra, las cosas se vuelven locas, y se derrumba por completo el propósito del sueño lúcido. No use el sueño lúcido como un mecanismo de escape. No es un mecanismo de supervivencia para lidiar con las realidades de la vida. En cambio, aprenda a lidiar con sus preocupaciones y use el sueño lúcido como una herramienta para explorar su subconsciente. Si pasa demasiado tiempo con el sueño lúcido, se impide vivir la vida como se supone que debe hacerlo.

Error #12: No hacer nada

No hacer nada, simplemente explorar la tierra de los sueños o vagar por ella, no es una buena idea. Estas actividades ayudan a estabilizar el sueño, y eso es todo. Una vez que haya estabilizado el sueño, empiece a explorar el país de los sueños. Si no hace nada, simplemente está desperdiciando una oportunidad. Evite cualquier control constante de la realidad mientras esté en el país de los sueños. Disfrute del sueño lúcido porque es una experiencia mágica. No hacer nada le quita la magia a esta experiencia. Es una de las razones por las que debe planear antes de empezar a soñar lúcidamente.

Error #13: Girar rápidamente

Antes de intentar hacer algo en el sueño lúcido, el primer paso es estabilizar el sueño mismo. Una forma sencilla de hacer esto es girar en círculos. Cuando gira, hágalo lentamente y solo por un tiempo. Si da demasiadas vueltas, puede que se despierte. Para asegurarse de estar soñando, una o dos comprobaciones de la realidad le ayudarán. No se pase de la raya y no compruebe constantemente si está en el estado de sueño. Girar demasiado rápido puede estimular su sistema nervioso y despertarle del sueño.

Otra cosa que debe evitar es tratar de volar cuando aún no está listo. Puede parecer una idea genial volar en sueños. Después de todo, todos pensamos en ello en algún momento, y el lúcido paisaje de los sueños le da la oportunidad de intentarlo. Si acaba de empezar, evite intentar volar. Si intenta hacerlo demasiado rápido, su cerebro consciente se activa, y empieza a hacerle preguntas lógicas como "¿Cómo puedo volar?" o "No puedo volar debido a la gravedad". Estas cosas le despertarán y pueden llevarle a una experiencia frustrante.

Error #14: Pensar: "Puedo hacerlo más tarde".

Si usted es consciente de que está en un sueño lúcido y tiene ganas de hacer algo, intente hacerlo lo antes posible. Lo más probable es que se olvide de ello si no lo hace inmediatamente. Tan pronto como el sueño lúcido se haya solidificado, trabaje la ejecución del guión de su sueño lúcido. Si sigue diciéndose a sí mismo que puede hacerlo más tarde o tiene ganas de caminar un rato, se olvida de ello o, peor aún, se despierta del sueño.

Al evitar estos errores comunes, puede mejorar su experiencia general de sueño lúcido y reducir la probabilidad de despertar abruptamente del sueño.

Capítulo once: Cómo protegerse mientras sueña lúcidamente

No es necesario que cada sueño que tenga sea agradable y feliz. También puede tener pesadillas. Puede haber casos en los que esté soñando lúcidamente y algo no se sienta bien. Tal vez una entidad perturbadora o una imagen entró en su sueño, y no le dio conscientemente el poder de hacerlo. ¿Qué puede hacer en tales situaciones? La buena noticia es que hay algunos consejos y pasos sencillos que puede seguir para evitar cualquier malestar en su tierra de sueños lúcidos. Las dos fuentes comunes de malestar en los sueños lúcidos son las pesadillas y las invasiones de los sueños. En este capítulo, exploraremos estos conceptos y aprenderemos sobre los consejos que puede utilizar para protegerse.

Pesadillas

¿Hubo sueños de los que se despertó con su corazón latiendo rápida y frenéticamente? ¿Sueños que le dejan con un sudor frío? Tal vez le persigue un monstruo mientras corre para salvar su vida. O quizás está viviendo sus peores miedos mientras se siente indefenso y fuera de control. Ambos casos pueden despertarle abruptamente de su sueño, dejándole con una sensación de ansiedad.

Esto nos lleva al siguiente punto, la diferenciación entre pesadillas y terrores nocturnos. Incluso si suenan similares, son bastante distintos. Hay tres diferencias principales entre estos dos conceptos. Los terrores nocturnos a menudo vienen durante las primeras fases del sueño, mientras que las pesadillas vienen en una etapa posterior. Las pesadillas a menudo se inducen cuando el sueño es más largo, y los sueños se vuelven lentamente extraños y están muy influenciados por las emociones que se experimentan. Los terrores nocturnos se asocian con el sueño no-REM, mientras que las pesadillas se asocian con el sueño REM. Cuando usted tiene una pesadilla, es probable que tenga un vívido recuerdo del sueño desagradable. En lo que respecta a los terrores nocturnos, es muy probable que solo recuerde fragmentos de su experiencia o que tenga amnesia completa sobre el episodio.

Las pesadillas interrumpen el sueño REM. Se cree que el cerebro no deja de pensar ni siquiera mientras duerme. Sigue revisando todas las experiencias que tuvo, o los recuerdos de diferentes redes que comparten experiencias similares. También actualiza ciertas redes neuronales y aprende a hacer frente a nuevos comportamientos incluso mientras duerme. Esta es una de las razones por las que puede tener pesadillas. Cualquier confusión que experimente mientras está despierto puede manifestarse como pesadillas durante el sueño. Aprender a hacer frente a sus emociones negativas durante las horas de vigilia ayuda a reducir las posibilidades de tener pesadillas.

Además, recuerde que cualquier forma de confusión emocional puede causar pesadillas, no solo miedo. Puede haber casos en los que experimente ira, resentimiento, disgusto o incluso pena después de despertar de una pesadilla. Los sueños aterradores que experimenta pueden ser la manifestación mental de daño debido a las amenazas percibidas a su seguridad física o mental. Incluso una amenaza a su autoestima, confianza o sensación de seguridad puede desencadenar pesadillas.

Una forma sencilla de aliviar cualquier emoción negativa que experimente durante una pesadilla es racionalizar. El sueño lúcido le permite saber que está dormido, y que lo que está pensando no está sucediendo en la realidad. Esto le da una simple sensación de control. La próxima vez que esté atrapado en una pesadilla, y sea consciente de ello, piense en la situación lógicamente. Por ejemplo, si le persiguen unos zombis en su pesadilla, recuerde que está a salvo y en su propia cama. Otra técnica sencilla es cerrar los ojos para despertarse de la pesadilla. Tiene completo control sobre su cerebro y sus patrones de pensamiento.

Como se mencionó en la sección anterior, uno de los factores comunes que desencadenan una pesadilla es el estrés que usted experimenta. Su cerebro trata activamente de resolver cualquier problema que enfrente, incluso mientras duerme. El cerebro está esencialmente ensayando para resolver el problema una vez que se despierta. Si puede calmarse antes de irse a la cama, las posibilidades de tener pesadillas se reducen. Realizar actividades sencillas como el yoga, la meditación, el ejercicio, un poco de "tiempo para mí" o una rutina relajante a la hora de acostarse puede ayudar a reducir el estrés. La falta de sueño o cualquier otra forma de privación del sueño puede estresar su cerebro, lo que a su vez desencadena las pesadillas. Intente dormir y despertar a la misma hora todos los días.

Para reducir el estrés físico y mental, manténgase alejado del alcohol, la nicotina y la cafeína justo antes de acostarse. Estas sustancias estimulan la mente. El exceso de estimulación justo antes de la hora de acostarse puede enviar a su cerebro a un modo hiperactivo. Otra técnica sencilla es evitar ver películas de miedo o leer sobre cualquier acontecimiento aterrador y perturbador por la noche.

Otra forma sencilla de eliminar el estrés es programar algún tiempo de preocupación. Aunque parezca contraproducente, dedique unos cinco o diez minutos de tiempo de preocupación diariamente. Durante este período, puede pensar en cada pensamiento que le ha preocupado durante todo el día. En lugar de ignorar o reprimir estos pensamientos negativos, puede crear una salida para lidiar con ellos. Una vez que lidia con cualquier cosa desagradable, las posibilidades de tener pesadillas se reducen.

Cuando usted está soñando lúcidamente, tiene el poder de cambiar el guión de cualquier sueño. Si está atrapado en un mal sueño, simplemente cámbielo. Para hacer esto, necesita primero darse cuenta de que está en un estado de sueño lúcido. Por ejemplo, un monstruo le persigue en su sueño, y usted corre en un callejón oscuro. En lugar de concentrarse en esto, piense en un lugar más feliz. Ahora, visualice que está corriendo hacia el lugar más feliz. Después de todo, usted es el amo de su tierra de los sueños.

Invasión de los sueños

¿Alguna vez tuvo sueños cuando notó a alguien más presente allí? ¿Una presencia extranjera que no desaparecía, e influyó en el curso de sus sueños? ¿O tal vez estaba en el sueño de otra persona? Estas cosas se conocen como invasiones en los sueños. Una invasión en los sueños puede ser una invasión accidental o una invasión a propósito. En un sueño lúcido, usted está total o parcialmente en el plano astral. Usted está manifestando el sueño en este plano, y temporalmente llega a existir. Es solo temporal porque una vez que abre los ojos, y está completamente despierto, el sueño termina. El sueño también desaparece si decide alejarse del plano astral. En una invasión del sueño, otra entidad entra en el espacio que ha creado e interactúa con usted. Otros pueden invadir sus sueños a través de sus sueños lúcidos, rituales, meditación, o incluso la proyección astral. Ahora, veamos los tipos de invasiones de sueños.

Una invasión accidental del sueño, como el nombre sugiere, no implica ninguna premeditación. A veces, cuando usted comparte una fuerte conexión con alguien, puede que consiga el poder de entrar en su tierra de los sueños. De hecho, a menudo, todas las personas involucradas en el sueño también están soñando. Es similar a un sueño compartido en el que alguien más es colocado en su sueño sin su consentimiento. El invasor no tiene intención de invadir su sueño y no quiere hacer daño. Fue simplemente un accidente. Las invasiones accidentales son bastante comunes con los empáticos. Un empático es un individuo que puede sentir y experimentar lo que otros están sintiendo y experimentando. Si su empatía es alta, es muy probable que otros se vean atraídos por sus sueños. Es una experiencia involuntaria, y no hay ningún daño en ella.

Una invasión intencional es lo opuesto a una invasión accidental. ¿Por qué alguien invadiría intencionalmente la tierra de los sueños de otra persona? Hay diferentes razones, y la más común es para influir en el pensamiento de la otra persona. Un sueño ocurre en el plano astral, y lo que sueña a menudo se queda en el subconsciente. Dado que su mente subconsciente es responsable de todas las respuestas automáticas, incluyendo las físicas y emocionales, es bastante poderosa. Su memoria subconsciente gobierna su instinto primario de supervivencia, motivación y cualquier otra reacción emocional. Un invasor intencionado está tratando de controlar estas cosas activando una respuesta específica. Un invasor intencionado tiene el poder de atraer a otros a sus sueños. Esto es más o menos en lo que se basa la película "Inception" (El origen).

Otra razón común para la invasión de los sueños, especialmente la invasión intencional, es absorber cualquier energía emocional manifestada durante el estado de sueño. Los sueños de lujuria y los sueños de terror son las dos fuentes habituales que los invasores usan para alcanzar este objetivo. El atacante absorbe cualquier energía que sea creada por su cuerpo durante estos sueños.

Una invasión en sueños puede parecer una pesadilla, pero hay una sutil diferencia entre estas dos cosas. En una pesadilla, a menudo es el estrés personal de la vida real el que se manifiesta como un mal sueño. No solo el estrés mental, sino también cualquier estrés físico que pueda estar experimentando, como una enfermedad, un dolor o cualquier situación que amenace la vida, puede desencadenar pesadillas. Las pesadillas son a menudo de naturaleza abstracta y normalmente son autónomas. Sin embargo, en una invasión de sueños, la naturaleza de la interacción entre usted y el otro ser que invade sus sueños es bastante detallada. Una pesadilla es a menudo ilógica porque es una mera manifestación de su miedo. Una invasión en los sueños rara vez es ilógica, e incluso podría tener interacciones persistentes con el otro ser.

¿Se pregunta qué podría hacer si está atrapado en una invasión de sueños?

Una invasión de un sueño ocurre cuando alguien más ha penetrado en su campo de energía personal. Para prevenir esto, aprenda a proteger su campo de energía. Es similar a instalar un sistema de seguridad en su casa para mantenerse a salvo. Un sistema de seguridad física puede prevenir ladrones y asaltantes, pero un sistema de seguridad mental le protege de las intenciones negativas, sentimientos y ataques psíquicos de entidades maliciosas. Para fortalecer y proteger el campo de energía, aquí hay un simple ejercicio meditativo que puede probar.

Empiece por encontrar un lugar cómodo para usted. Puede sentarse o acostarse en el suelo. Cierre los ojos, mantenga su cuerpo relajado y comience a respirar lenta y profundamente. Respire larga, lenta y profundamente por la nariz y exhale por la boca. Repita esto diez veces o hasta que se sienta completamente calmado. Ahora, levante las manos y júntelas como si estuviera sosteniendo una pequeña pelota. Visualice que esta pelota que está sosteniendo está llena de luces brillantes. La luz brillante que irradia está llena de amor y afecto. Visualice que esta bola está creciendo lentamente hasta que le rodea. No solo está rodeando su cuerpo, sino que se ha extendido por todo el espacio que le rodea. Puede ver los bordes de esta bola brillar como pequeños diamantes brillantes. Ahora, agarre esta bola una vez más y mire cómo brilla maravillosamente. Visualice que se está viendo a sí mismo en esta luz brillante. A medida que empiece a concentrarse en ella, las manchas de brillo de la bola salen de sus manos, llenando el espacio entre la bola y su cuerpo. Respire profundamente y abra lentamente los ojos. Se cree que este simple ejercicio produce una sensación de serenidad y seguridad. También puede realizar este ejercicio en un sueño lúcido.

Empiece a meditar antes de irse a dormir por la noche. La meditación ayuda a mejorar sus niveles generales de energía y le da la oportunidad de acceder a un plano de energía superior. Esencialmente crea un ambiente seguro donde los atacantes no pueden seguirle. Si sus sueños son constantemente invadidos, no reaccione o se resistas a ellos; en cambio, simplemente afirme su control en el mundo de los sueños. Recuerde, sus sueños están bajo su control, y nadie puede hacerle nada a menos que les dé el control para hacerlo. Alguien más ha entrado en su espacio, y es hora de reclamar su espacio. No se deje llevar por ninguna conversación, simplemente retírese. Repitiendo un simple mantra como "No eres bienvenido aquí" o "No te quiero aquí", puede terminar efectivamente con la invasión de los sueños.

También usted tiene el poder de llamar a su guía espiritual en el sueño lúcido. Su ángel guardián está a la vuelta de la esquina, y todo lo que necesita hacer es simplemente llamarlo.

Capítulo doce: Cinco técnicas avanzadas de sueño lúcido

El sueño lúcido tiene varios efectos positivos en el soñador. Desde la toma de conciencia hasta el desarrollo de la confianza, el uso del sueño es una experiencia maravillosa. En los capítulos anteriores, se presentaron algunas técnicas para inducir sueños lúcidos. Después de usar estas técnicas, si tiene sed de más o tiene curiosidad por emprender una nueva aventura, puede usar algunas técnicas avanzadas para el sueño lúcido. En este capítulo, veamos estas técnicas.

Técnica #1: Proyección astral

Como se mencionó anteriormente, hay una relación entre la proyección astral y el sueño lúcido. Cuando usted va a un viaje astral, está esencialmente proyectando su conciencia en el mundo astral. Está viajando a diferentes experiencias y lugares en tiempo real sin depender de su cuerpo físico. En cierto modo, solo su conciencia está explorando los diferentes escenarios.

Los que realizan proyecciones astrales a menudo hablan de ello como una experiencia fuera del cuerpo, casi como si fueran fantasmas. La proyección astral es un concepto intrigante, y puedes experimentarlo durante el sueño lúcido. El mundo de los sueños se basa en la conciencia, mientras que el mundo astral abarca mucho más que esto. No está restringido a su espacio o tiempo personal. Es la culminación de las experiencias de todos en la vida. Con la proyección astral, usted puede ser testigo y experimentar eventos del pasado, futuro y presente. Aun así, usted no es capaz de interactuar con el mundo interno de nadie más. Estos son los pasos que debe seguir para explorar el mundo astral durante el sueño lúcido.

- Para comenzar con la proyección astral, primero debe entrar en el estado de un sueño lúcido. Para inducir un sueño lúcido, utilice el método WILD (Sueño lúcido inducido por la vigilia).

- Una vez que el sueño lúcido comienza, cambie su conciencia a la habitación donde está durmiendo. Mire su cuerpo físico mientras está acostado en la cama.

- Dé un paseo por la habitación y note cualquier objeto que no haya notado antes. Por ejemplo, tal vez nunca haya prestado atención a un bolígrafo que tiene en la habitación. Una vez que se haya concentrado en el objeto, ponga toda su atención en él. Examine cuidadosamente el objeto y observe cada detalle.

- Después de que despierte del sueño, vuelva a examinar el objeto. Si el objeto no está en la habitación, o si los detalles son diferentes, significa que no estaba proyectado astralmente, y que era simplemente una extensión de sus sueños lúcidos. Si el objeto y todos sus detalles son los mismos, usted ha proyectado astralmente con éxito.

- Ahora que sabe cómo realizar una proyección astral, la próxima vez que esté soñando lúcidamente, explore más allá de su habitación. Camine por la casa o incluso por el vecindario. Una vez que esté despierto, vuelva a examinar los detalles para asegurarse de que fue una proyección astral. Esta es una técnica avanzada, y puede que no la entienda bien al principio. Por lo tanto, necesita practicar para mejorar.

- La prueba final para determinar si ha proyectado astralmente con éxito o no es pedirle a su amigo que coloque un objeto en su casa sin decirle cuál es el objeto. Su amigo debe decirle dónde coloca el objeto sin dar más detalles. Tiene que estar en un lugar de fácil acceso, como la mesilla de noche, el mesón de la cocina o la mesa del comedor. Si se ha proyectado astralmente con éxito, habrá entrado en su casa y podrá describir el objeto en detalle.

Una vez que domine esta técnica, podrá proyectarse a cualquier lugar del mundo. No está restringido por las barreras del mundo físico y puede atravesar entre el tiempo y el espacio usando su conciencia.

Técnica #2: Encontrar su yo paralelo

Según la teoría del multiverso, hay varios universos paralelos en existencia donde residen sus yos paralelos. Es una teoría compleja, pero una versión simplificada sugiere que las líneas temporales infinitas están abarcando varios universos paralelos. Esencialmente significa que hay un universo paralelo en el que algo más habría sucedido por cualquier cosa que haya sucedido en su vida. Es bastante similar a preguntarse cómo habría sido su vida si no hubiera tomado una decisión específica en un momento dado. Por ejemplo, ¿cómo habría resultado su vida si no se hubiera mudado a otra ciudad? ¿Las cosas habrían sido diferentes si hubiera elegido una especialidad diferente en la universidad? De acuerdo con la teoría del multiverso, por cada decisión que tomó, existe un universo paralelo, y hay diferentes versiones de usted viviendo en diferentes líneas de tiempo.

Al igual que con la proyección astral, puede usar el sueño lúcido para explorar diferentes multiversos de su vida. Estos son los pasos que debe seguir para esta técnica.

- Comience por inducir los sueños lúcidos siguiendo cualquiera de las técnicas discutidas en el capítulo anterior.

- Una vez que esté en el estado de un sueño lúcido, concéntrese en un evento específico o en una decisión que haya tomado en la vida. Desplace toda su atención hacia la experiencia específica y medite sobre esa experiencia durante su sueño lúcido. Visualícese en una realidad paralela.

- Puede intencionalmente cambiar su conciencia para viajar por un camino diferente transfiriéndose al momento y tomando una decisión diferente. Otra alternativa es transportar su conciencia al momento presente intencionalmente pero en otra realidad.

- Después de que vuelva a visitar sus líneas temporales personales en múltiples universos, empiece a visitar líneas temporales alternativas de la historia que conocemos.

- No se olvide de anotar todas sus observaciones de sus visitas a los universos paralelos después de que despierte. No solo ayuda a verificar su experiencia, sino que también la hace más vívida. Esta técnica funciona brillantemente bien porque, en su lúcido país de los sueños, hay espacio y tiempo infinitos disponibles. Esto, junto con todos los ilimitados universos paralelos que existen, significa que hay mucho espacio para la exploración.

Técnica #3: ALDIT

La Técnica Avanzada de Inducción de Sueños Lúcidos (ALDIT) es una técnica híbrida diseñada para crear una excitante experiencia de sueños lúcidos. Estos son los pasos que debe seguir.

- Antes de comenzar con esta técnica, trate de no consumir alcohol, o manténgalo en la cantidad mínima. Manténgase en un estado de ánimo positivo y no se involucre en ningún conflicto emocional. Evite esta técnica si está mentalmente preocupado o estresado. En total, necesita al menos siete horas de sueño para practicar esta técnica de manera efectiva. Antes de que se despierte, necesita cuatro horas de sueño, y al menos tres horas después.

- Después de cuatro horas, despierte y levántese de la cama. Puede programar la alarma para que suene si no está seguro de poder despertarse solo.

- (Consejo opcional: si quiere mejorar la experiencia en general, tome 4-8 mg de Galantamina. Es ideal para todos aquellos que no tienen un suministro suficiente de acetilcolina, un neurotransmisor, en el cuerpo. Esto es especialmente cierto para todos aquellos que tienen más de 50 años. Si está tomando Galantamina, asegúrese de comer un bocadillo ligero y beber un poco de agua o jugo de fruta después. Si tiene alguna condición de salud preexistente o un desorden cardiovascular, consulte con su médico antes de tomar Galantamina).

- Ahora es el momento de empezar a meditar. Necesita meditar entre veinte y treinta minutos para asegurarse de que su mente quede libre de desorden. Lo ideal sería que se sentara en una silla o se sentara en el suelo manteniendo la espalda recta y el cuerpo relajado.

• Después de que se ponga cómodo, es hora de revivir un sueño específico. Cambie su respuesta de acuerdo a lo que le parezca apropiado ahora mismo y vea cuál es el resultado. Su nueva respuesta puede no mostrarle una solución real, pero puede representar un paso de desarrollo hacia la consecución de la solución final. Por ejemplo, en uno de sus sueños lúcidos, se enfrentó a un agresor, pero no hizo nada. Ahora que está volviendo a visitar este sueño, puede afirmar su autoridad enfrentándose al agresor. Cualquiera que sea el sueño, trate de responder de manera diferente y deje que se desarrolle.

• Después de que haya terminado de revivir el sueño, es hora de despertar. Puede poner la alarma para ayudarle a hacerlo. No se olvide de anotar el nuevo sueño después de despertar (puede hacerlo inmediatamente o más tarde). Ahora, es hora de volver a dormir.

• Antes de que cierre los ojos y se duerma, repita una afirmación sobre lo que desea hacer. Puede decir algo como: "Quiero ser más consciente en mis sueños y responder apropiadamente a todos los escenarios a los que me enfrento".

• Empiece a contar hacia atrás desde 100. Puede que se sienta somnoliento en este proceso y pierda la pista de los números. Está bien si esto sucede; permita que la somnolencia se apodere de usted.

• Puede que pierda brevemente la conciencia en el camino y que sienta o escuche una vibración. Esta vibración puede aparecer y desaparecer; también es una buena señal. Si escucha esta vibración en su cabeza, concéntrese en esta energía y medite sobre ella. A medida que empiece a meditar, la energía se intensificará. Si esta energía está presente a su alrededor, también puede salir de su cuerpo para tener una experiencia fuera del cuerpo. Esto se conoce como WILD (sueño lúcido inducido por la vigilia).

- Si no escucha esta energía y simplemente se queda dormido, se conoce como DILD (Sueño lúcido inducido por el sueño). Si esto sucede, es probable que sea transferido a un estado de sueño lúcido mientras duerme.

No olvide registrar sus observaciones una vez que esté despierto. Si no quiere anotarlo, mantenga una grabadora digital para registrar su experiencia mientras aún está fresca en su memoria.

Técnica #4: Lidiar con los miedos y fobias

El miedo es una emoción extremadamente abrumadora que puede abrumarle en cualquier situación. Los miedos son raramente racionales, y por lo tanto, ceder a su miedo no le hace ningún bien. Superar los miedos y fobias no es un proceso fácil. La buena noticia es que puede aprender a superar sus miedos usando el sueño lúcido. Como se ha mencionado repetidamente, en los sueños lúcidos, usted tiene un control completo sobre los escenarios y sus resultados. Nadie más puede regular sus sueños, y el poder está en sus manos. Si algo parece desagradable, usted puede darle un giro positivo. Hay diferentes técnicas que puede usar para superar fobias como la hipnoterapia. Sin embargo, lo más simple que puede hacer es enfrentar sus miedos en el mundo de los sueños.

Aquí hay una explicación simple que le dará una mejor comprensión de cómo puede hacer frente a sus miedos y fobias en el mundo de los sueños. Asumamos que les teme a las serpientes. Las criaturas viscosas y resbaladizas desencadenan un miedo primitivo como ningún otro que haya experimentado. Ya que usted tiene el control total sobre sus sueños, imagine o visualice estas aterradoras serpientes como personajes de dibujos animados. Al cambiar la forma en que ve el origen de su miedo, controlarlo se hace más fácil. Al volver a imaginar la serpiente como un personaje de dibujos animados, le quita el poder sobre usted. Visualice que está escuchando la música alegre de una serie de dibujos animados. O tal vez pueda hacer que la serpiente hable con voces divertidas.

La próxima vez que empiece a soñar, invoque a una serpiente. La serpiente puede dar un poco de miedo, o incluso puede tener el tamaño de un humano. Su corazón podría empezar a acelerarse, y una ola de ansiedad abrumadora se apoderaría de su mente racional. Simplemente cálmese, y recuerde que usted tiene el control total aquí. La serpiente no le atacará, y puede hacer que se detenga. Para empezar, ¿por qué no reduce el tamaño de la serpiente que su imaginación ha conjurado? Luego, intente reemplazarla con la memoria de un personaje de dibujos animados. Podría aliviar un poco su miedo y hacerle sentir más poderoso. El siguiente paso es hablarle a esta criatura como si fuera un ser humano racional. Tal vez se pregunte qué representa esta serpiente.

Tal vez un encuentro accidental en su pasado creó este miedo. Tal vez fue un recuerdo perturbador. Al explorar la causa de este miedo, abordar la fobia se hace más fácil. Después de un tiempo, si se encuentra con la misma criatura en sus sueños posteriores, considere explorar las razones por las que le asusta. En cierto modo, el sueño lúcido es una fuente de terapia simple. Independientemente de si le teme a las alturas, a los espacios cerrados, a hablar en público o a cualquier otra cosa, el sueño lúcido ayuda a crear un ambiente realista y seguro para enfrentar estos miedos.

Técnica #5: Explore sus personalidades

Todos tenemos diferentes facetas de nuestra personalidad. Un simple desafío que puede intentar para mejorar su experiencia de sueño lúcido en general es conjurar diferentes facetas de su personalidad. ¿Por qué no interactúa con el bromista o el filósofo que está en lo profundo de su mente? Un sueño lúcido y cualquier cosa que experimente en él es una mera extensión de su subconsciente. Así que los personajes que conoce en el país de los sueños son también extensiones de la psique. ¿Por qué no le pide a este personaje de los sueños que le cuente un chiste que le haga reír? Incluso en una conversación bidireccional con cualquier personaje del sueño, está esencialmente conversando con usted mismo. Por lo tanto, si el personaje del sueño le cuenta un chiste para hacerle reír, acaba de descubrir un lado de su personaje del que probablemente no era consciente. Si un sueño lúcido le hace reír, ha recorrido un largo camino y está aprendiendo a soñar lúcidamente.

Ahora es el momento de buscar al filósofo que lleva dentro. Lo bueno de los sueños lúcidos es que ayudan a crear un ambiente seguro donde puede explorar cualquier tema, concepto o idea que quiera, sin ningún temor. Después de todo, ningún daño puede venir cuando usted está en completo control de todas las situaciones y escenarios. Si alguna vez se ha preguntado sobre su propósito o el significado de su vida, ahora es el momento de explorar todo esto. Esto puede parecer un desafío difícil porque esencialmente está partiendo en una búsqueda para encontrar respuestas a preguntas que podrían no tener ninguna respuesta. O tal vez sí, ¡y ahora tiene la oportunidad de encontrar las respuestas! De cualquier manera, podría ser una brillante experiencia de aprendizaje. Poniéndose filosófico en su mundo de los sueños, las respuestas que obtiene de sí mismo podrían ser bastante inesperadas. Estas preguntas podrían ser demasiado pesadas para las conversaciones de la vida real, pero puede explorarlas con seguridad en su subconsciente.

Conclusión

El sueño lúcido es una experiencia verdaderamente mágica. Es un tipo de sueño en el que usted es plenamente consciente del hecho de que está soñando. Le da una increíble oportunidad de explorar su tierra de los sueños y de vivir brillantes aventuras y experiencias personales. También le da la oportunidad de reconectar sus sueños e interpretarlos de manera efectiva. Con el sueño lúcido, usted es el creador, escritor, productor y director de su propia obra.

En este libro, se le enseñó el significado de los sueños y sus significados, sobre el sueño lúcido y los diferentes beneficios que ofrece, y las diferentes técnicas de sueño lúcido. Las técnicas discutidas en este libro se pueden dividir en dos categorías: principiantes y técnicas de aprendizaje avanzadas. También se le dio una introducción básica a la relación entre la proyección astral y el viaje chamánico utilizando el sueño lúcido. Este libro también le enseñó consejos simples para prepararse para una mejor experiencia de sueño lúcido y explorar su paisaje de sueños. Un concepto intrigante discutido en este libro es cómo puede encontrar a sus guías espirituales en los sueños lúcidos y lo que podrían hacer por usted. También se le dieron consejos prácticos y simples sobre cosas que nunca debe hacer mientras sueña lúcidamente y cómo protegerse en los sueños lúcidos. Cuando todos estos temas se juntan, es el libro perfecto para explorar el sueño lúcido con seguridad. Una vez que le coge el truco, los beneficios que ofrece son realmente asombrosos. Desde la mejora de su conciencia hasta un mejor autocontrol, pasando por la prevención de las pesadillas y la comprensión de su poder para explorar su creatividad, puede hacerlo todo con el sueño lúcido.

Como con cualquier otra habilidad, requiere tiempo, paciencia y un esfuerzo constante. Una vez que esté dispuesto a comprometerse en este proceso, sus esfuerzos darán sus frutos. Este libro le guiará, asesorará y preparará para una mejor experiencia de sueño lúcido. Con el sueño lúcido, puede explorar su creatividad y profundizar en su subconsciente. Recuerde, la paciencia es la clave, y no se frustre, incluso si tropieza un par de veces. Es parte de la experiencia de aprendizaje.

Vea más libros escritos por Mari Silva

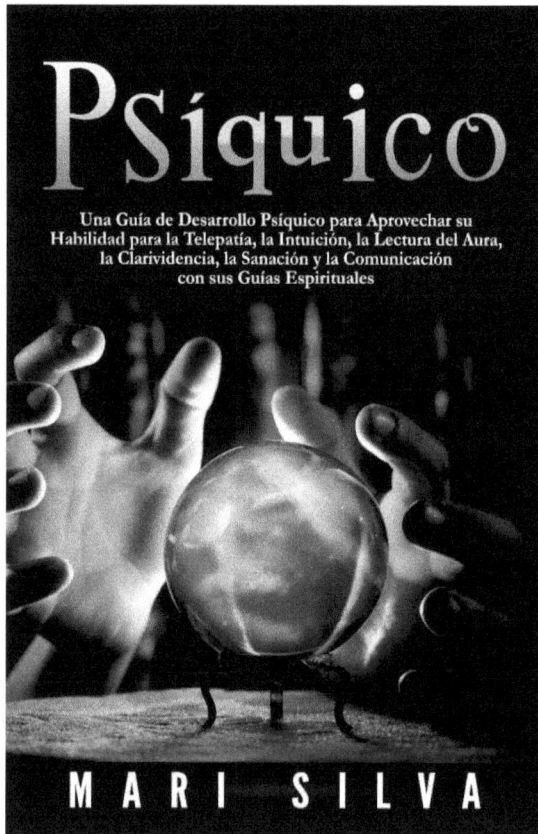

Your Free Gift (only available for a limited time)

Thanks for getting this book! If you want to learn more about various spirituality topics, then join Mari Silva's community and get a free guided meditation MP3 for awakening your third eye. This guided meditation mp3 is designed to open and strengthen ones third eye so you can experience a higher state of consciousness. Simply visit the link below the image to get started.

https://spiritualityspot.com/meditation

9 781954 029583

.